POCHES ODILE JACOB

# LE CERVEAU MAGICIEN

ROLAND JOUVENT

# LE CERVEAU MAGICIEN

## De la réalité au plaisir psychique

Odile Jacob
poches

15, RUE SOUFFLOT, 75005 PARIS

www.odilejacob.fr

ISBN : 978-2-7381-2928-4
ISSN : 1621-0654

*À celle qui m'a longtemps écouté,*
*sur son divan, trois quarts d'heure*
*trois fois par semaine.*
*Elle m'a appris que l'imaginaire*
*n'était pas un adversaire,*
*qu'il pouvait être un complice de la réalité.*

# INTRODUCTION

*Que serions-nous sans le secours de ce qui n'existe pas ?*

Paul VALÉRY

Nous sommes des machines à imaginer, à rêver. Cette activité créatrice de la pensée, privilège de l'humain, a pris une importance croissante dans notre activité psychique. Loin de nous isoler du réel, notre imaginaire s'est invité dans notre confrontation au monde physique. Il a fait de nous des machines à habiller le réel. Avec un même état physique du monde environnant, nous pouvons construire une multitude de représentations psychiques, depuis la transformation ludique jusqu'à la dénégation. C'est le fait d'un cerveau magicien, d'un illusionniste en nous qui décide à chaque instant quelle part du réel conserver comme socle de nos rêveries, et jusqu'à quel point notre imaginaire doit teinter la réalité, la décolorer ou la maquiller.

Cette activité magicienne, devenue une seconde nature, a un rôle adaptatif : donner à l'esprit les moyens de fabriquer du plaisir psychique. Nous utilisons notre pensée pour pallier les insuffisances du réel. Cela permet de rendre nos motivations moins dépendantes de la réalité physique du monde.

Cette capacité s'inscrit dans l'histoire de l'évolution qui conduit l'espèce humaine à asseoir progressivement la suprématie de la pensée sur la force physique. Elle fait de l'activité psychique un outil décisif de l'adaptation. Le magicien en nous est notre premier thérapeute. Il nous aide à chaque instant de la vie quotidienne à nous animer, nous consoler et repartir de l'avant.

On comprend alors que ses dérèglements expliquent nombre de situations psychopathologiques. Les exemples abondent de situations où la perte du plaisir psychique est l'un des premiers maillons de la souffrance des hommes. Ainsi, le déprimé qui s'étonne de ce qu'« il a tout pour être heureux, une femme qu'il aime, de beaux enfants adorables, un travail intéressant, mais que, pourtant, il n'a plus goût à rien, qu'il n'a plus aucun plaisir, qu'il lui arrive même parfois de penser qu'il ferait mieux d'en finir... ». Ou l'anxieux obsessionnel, passionné de peinture, qui se rend à une exposition qu'il attendait depuis longtemps, et dont le plaisir est gâché par avance, parce qu'il sent, il sait, qu'il ne pourra s'empêcher de compter, dès la première salle, le nombre de tableaux en espérant trouver un nombre pair. Ou encore le couple qui se déchire, triste bilan d'un amour qui s'use, chez qui la magie à deux ne fonctionne plus.

Par voie de conséquence, ce cerveau magicien est aussi une des cibles principales des thérapies : permettre à l'individu de retrouver les capacités régulatrices de son activité psychique. C'est le second objet de cet ouvrage : après la description de notre cerveau magicien, expliquer qu'il est la cible principale des thérapies de l'esprit. Nous essaierons de montrer à travers divers exemples comment les thérapies contribuent, chacune à leur manière, à restituer son pouvoir thérapeutique à notre pensée.

### LE RÉEL COMPOSE AVEC L'IMAGINAIRE

Nous commencerons par une brève histoire de l'esprit. Comment s'est-il développé à partir de deux pôles : le réel et l'imaginaire ? Le premier est la source primaire des satisfactions en même temps qu'il dicte les lois de la survie. Le second pallie les insuffisances du premier, d'une double manière : il aide à tolérer les frustrations en se substituant au réel – si l'on n'a pas, on peut imaginer qu'on a... –, en stimulant le travail de l'intelligence, il permet à l'homme d'influer sur le réel, de l'enrichir avec ses créations.

Dans ce jeu permanent entre le réel et l'imaginaire, l'esprit a développé des compétences de plus en plus élaborées. Il est devenu un grand couturier du réel, un expert de son interprétation. Cette double analyse du monde, physique, concrète et analytique à un pôle, commentée et développée à l'autre, est désormais caractéristique de l'activité mentale humaine. Non contents d'observer le monde qui nous entoure, nous avons pris l'habitude de le rejouer et de le travestir pour nous l'approprier.

### UN CURSEUR ENTRE LE RÉEL ET L'IMAGINAIRE

C'est cet habillage par la pensée qui définit le « cerveau magicien », ce gestionnaire de génie qui sait si bien nous émerveiller, nous calmer, nous aider à vivre les aléas de notre univers intérieur. Le cerveau magicien fait office de *curseur entre le réel et l'imaginaire*, constituant un répertoire d'une formidable versatilité où se combinent les actes de la pensée et les actions du corps. Si la réalité est pleinement satisfaisante, nous pouvons nous y abandonner totalement. Si au contraire l'environnement est aversif, notre imaginaire vient occuper notre pensée pour empêcher le ressassement de cette réalité négative. Tous les intermédiaires sont possibles entre ces deux extrêmes. Notre privilège humain est de savoir mêler subtilement nos pensées et nos rêves aux actes que nous accomplissons effectivement. *Nous passons notre temps à nous raconter des histoires.*

## LE JEU DE L'ESPRIT AVEC LE CORPS

Mais nos fables ne doivent pas nous faire décrocher de la réalité physique qui fixe les règles de notre survie. Le corps joue ici un rôle décisif, comme filin crucial de l'arrimage au monde. Ce sera l'objet des chapitres suivants, l'infiltration de la pensée par le corps, leur coopération nécessaire, le jeu entre les deux.

Lorsqu'un animal a froid, il ne peut que se blottir, hérisser sa fourrure et se mettre à l'abri. Nous autres humains, dans les mêmes circonstances, nous avons une multitude d'alternatives.

Je peux, en éprouvant physiquement le froid : dire que j'ai froid, et même y trouver un certain soulagement, voire du réconfort, ou bien déclarer que j'aime ce froid qui me stimule. Je peux décider, même assailli par le froid, que ce que j'éprouve s'appelle « chaud », ou « tiède ». Je peux me moquer de mon tempérament frileux, ou à l'inverse m'enorgueillir de ma résistance.

À la sensation première de froid, je peux associer des souvenirs :

— agréables : « Ça me rappelle l'hiver chez mes grands-parents pendant les fêtes de Noël » ;

— ou au contraire traumatiques : « C'est un jour de froid comme celui-ci que mon père a eu son accident. »

Je peux anticiper en disant que, dès mon chemin terminé, je boirai un grand bol de chocolat chaud, je peux ajouter que, la prochaine fois, je me couvrirai plus chaudement.

## LA COMMUNICATION : UNE MAGIE À DEUX

Cet habillage psychique du réel, je peux en faire un jeu à deux. Si un ami est à mes côtés, je peux lui dire : « Il ne fait pas chaud aujourd'hui », « Tu as l'air gelé » ou « Moi, je ne sens pas le froid », en souriant. Je peux me mettre à sa place : « J'imagine, toi qui n'aimes pas le froid, ce que tu peux ressentir. » Je peux dire, en prenant un air sérieux : « J'ai trop chaud. »

Dans ce jeu avec la réalité physique du monde, je ne dispose pas que du langage et des images mentales : toutes ces maximes, je peux les connoter d'un geste, mimer que je grelotte, en accordant ou non mes paroles à mes gestes, mimer l'autre... Je peux faire un mouvement, une moue, en imitant un tiers, ou bien m'imaginer que je suis l'autre en train de faire ce mouvement, cette moue. Je peux jouer un personnage, imiter ses travers, je peux décliner une multitude de rôles.

Nous verrons dans la seconde partie de cet ouvrage les plaisirs raffinés qu'offre cette magie à deux. Nous tenterons de montrer comment elle peut aussi être un outil dans les psychothérapies, en particulier psychanalytiques.

## L'OBJET DE LA MAGIE : TRANSFORMER L'ÉVÉNEMENT EN INTENTION

Un fil conducteur nous guidera tout au long de cet ouvrage. C'est l'idée que le cerveau humain se compose schématiquement de deux parties en interaction permanente :

— un cerveau émotionnel commun aux mammifères, qui assure les fonctions vitales essentielles à l'espèce : la motivation, la survie et la reproduction ; il préserve l'ancrage dans la réalité : nous l'appellerons « le cheval » ;

— et un néocortex très développé dont la fonction initiale était de piloter le cheval, d'organiser et d'anticiper, et qui se trouve de plus en plus voué à construire de la pensée, à associer ; il relit le réel et l'embellit : nous l'appellerons « le cavalier ».

Le fonctionnement du cerveau magicien repose sur la coopération dialectique entre le cheval et le cavalier. Il obéit à une finalité adaptative héritée de l'évolution, qui consiste en un mouvement de bascule entre l'héritage des apprentissages du passé, privilège du cheval, et la construction d'un avenir, mission du cavalier.

Je développerai l'hypothèse que ce mouvement imprime à notre activité psychique une tendance à faire de la réalité physique du monde une création de l'esprit, à transformer l'événement en intention. J'y vois une source majeure de l'imaginaire. Utiliser la réalité comme matériel : la changer en projet qu'on s'approprie comme une création de notre esprit. S'il pleut et que je dis : « Ça tombe bien, je voulais aller au cinéma », je transforme un événement qui s'impose à moi en quelque chose qui m'appartient, comme si je l'avais souhaité, anticipé, presque décidé.

Je tenterai de montrer que, souvent, le mécanisme central de la magie cérébrale consiste dans ce commerce subtil entre l'analyse des péripéties du monde et leur transformation en intentions, en une création de sens.

Dans la continuité de cette hypothèse, j'essaierai de repérer ce mécanisme dans l'ensemble des thérapies, chacune conservant sa spécificité. Elles auraient pour effet de restituer au cerveau magicien son aptitude naturelle à refaire le monde, à ajouter du sens à travers la création d'intentions. Les psychothérapies ne seraient ainsi pas réduites à un « essorage » du passé, elles permettraient l'apprentissage de nouvelles stratégies pour développer cette aptitude naturelle à fabriquer de la magie et de l'intention à partir de la réalité.

CHAPITRE PREMIER

# TOUJOURS PLUS DE PENSÉE : LE DESTIN DES HOMMES

*Un trésor de belles pensées vaut mieux qu'un amas de richesses.*

SOCRATE

La Création l'avait propulsé face à la seule réalité du monde. L'homme s'y résolut d'abord ; mais, bien vite, il se trouva un compagnon : l'imaginaire. Au cours de milliers d'années, il s'est développé autour de ce couple formé par le réel et l'imaginaire. Ce dernier prend une importance croissante, permettant à l'homme d'enrichir la réalité de ses nouvelles créations.

Comme s'il avait perdu son corps et son âme, l'homme est en train de se fabriquer un monde voyant les symboles rivaliser avec la matérialité. Dans les pays nantis, où l'on ne meurt plus de faim, il s'offre le luxe de changer les objectifs de l'évolution. La reproduction et la survie de l'espèce étant assurées, la pression évolutive délaisse les actes naturels, voués à être remplacés par des symboles dépourvus de sensualité. D'un livre, d'une thèse, d'un bâtiment, on surprend les hommes à dire : « C'est mon enfant. » Même la conception peut devenir allégorique. Il en est ainsi des produits du travail ; la récente catastrophe financière planétaire montre les excès d'un commerce qui porte sur des valeurs virtuelles substituées aux produits tangibles dont la réalisation est délocalisée dans les pays pauvres. Nous devenons des êtres psychiques, presque désincarnés.

Dans ce chapitre, à l'aide d'un certain nombre d'arguments biologiques, je voudrais montrer que l'évolution du vivant passe d'une croissance mécanique assez simple à une connectique cérébrale prodigieuse, origine d'un monde intérieur alternatif à la seule réalité physique.

Ce délaissement des actes physiques au profit des activités de pensée, ce saut du physique au symbolique et à l'imaginaire, s'inscrit dans la logique de l'évolution. Celle-ci, *in fine*, conduit l'homme, initialement dépendant de son milieu, à développer toujours plus son intelligence qui devient le nouveau moteur de son développement.

En retour, l'intelligence devient capable de modifier le réel, en le rendant plus symbolique, plus virtuel.

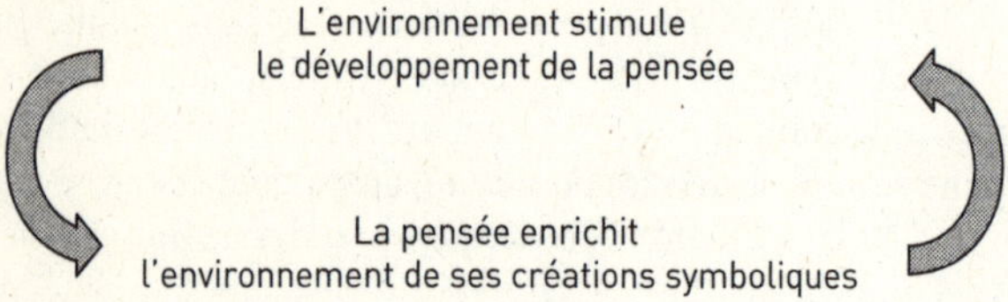


Figure 1.1

## *La suprématie physique cède le pas à l'intelligence*

À l'origine des temps, les règles de survie des espèces étaient fondées sur une compétence adaptative qui dépendait essentiellement de la force et des performances physiques.

Le progrès des espèces menait à la croissance en taille : longtemps, les plus grands sont restés les plus forts.

L'épopée des dinosaures, qui s'achève il y a environ cent trente millions d'années, représente le paroxysme puis la décadence de ce style évolutif. Au stade du Jurassique supérieur, il y a cent quatre-vingt-quinze millions d'années, ils sont d'abord petits. On y trouve le plus petit ancêtre de la famille des coelurosaures, le compsognathus qui mesurait 60 centimètres et pesait 3 kilos.

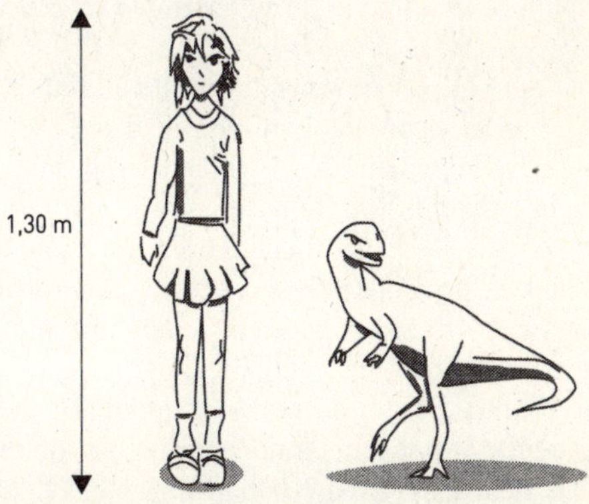


Figure 1.2

Ces dinosaures allaient devenir énormes avant de disparaître, assez mystérieusement. Ce fut la dernière tentative de l'évolution pour asseoir la suprématie de la quantité sur la qualité. Par la suite, l'intelligence allait prendre une importance croissante. Ce retournement du rapport entre le physique et l'intellectuel connut une accélération avec l'arrivée des mammifères, il y a une centaine de millions d'années. *Homo sapiens*, notre ancêtre, allait définitivement établir cette nouvelle loi de la nature : devenir des êtres psychiques.

## *De la multiplication cellulaire au câblage neuronal : l'ADN cède le pas*

Comment ne pas trouver les racines de ce changement de rapport entre masse physique et pensée dans cette véritable révolution biologique qu'a constituée l'apparition des neurones ?

On estime que les organismes multicellulaires se sont formés il y a environ deux milliards d'années. À cette époque, le développement des organismes repose exclusivement sur la transmission d'une mémoire par duplication de l'ADN lors de la division cellulaire : une cellule donne deux cellules en transmettant son ADN. Un organisme plus complexe ne peut alors provenir que d'un plus grand nombre de multiplications cellulaires.

Pour Rhawn Joseph, le vrai saut qualitatif de l'évolution se situe il y a sept cents millions d'années, quand apparaissent les neurones. Avec eux naît une nouvelle instance de transmission de l'information. Le neurone ne se réplique pas à l'identique, il ne se divise pas ; il fait des câblages, des connexions, entre les dendrites et entre les axones. Cette capacité des neurones à se mailler entre eux est la base de la connectique cérébrale.

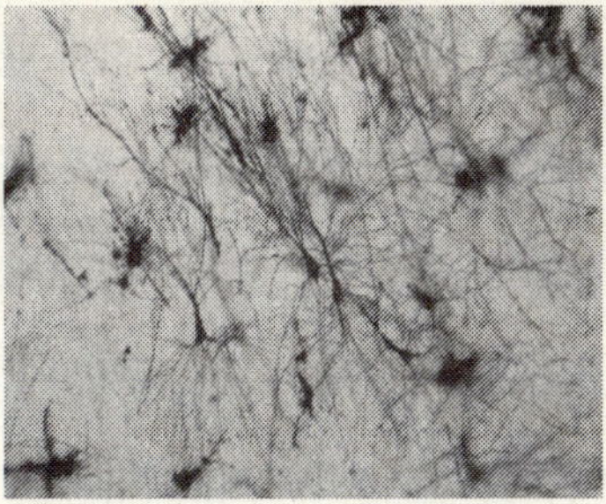

Figure 1.3 – Un neurone avec les dendrites.
(Avec l'aimable autorisation du laboratoire Escourolle à la Salpêtrière.)

Ces axones et leurs dendrites constituent par leurs connexions multiples des réseaux performants consacrés au traitement et à la transmission de l'information. Ces connexions, les synapses, sont en effet spécialisées dans la transmission de signaux chimiques ou électriques.

## *Structure du cerveau humain et histoire des organismes vivants*

L'homme est la forme la plus évoluée du vivant. La théorie de l'évolution, qui sous-tend ce livre, présuppose une continuité dans la double mission de survie et de préservation de l'espèce depuis les organismes vivants élémentaires jusqu'à l'homme. Elle implique donc la préservation d'une partie importante du patrimoine génétique sur l'ensemble de l'histoire du vivant. Comme le remarque Derek Denton : « L'idée de continuité de l'évolution implique que des caractéristiques humaines trouvent leur source dans des formes de vie antérieures. »

Marc Jeannerod a regroupé ces deux présupposés dans une même « théorie de la récapitulation », dont il a montré les limites. On parle d'emboîtement de l'ontogenèse[1] et de la phylogenèse[2] : « L'embryon nous représente le passé de l'espèce. Si l'escrimeur peut esquiver une attaque adverse par un saut latéral, c'est parce qu'il a gardé en lui quelque chose de la rapidité du chat qui bondit... La vitesse, l'automatisation de certaines tâches sont *conservées*, et héritées, des espèces inférieures : si les embryons sont très différents par leur aspect de la forme adulte, et si, au contraire, les embryons d'espèces distinctes se ressemblent, c'est que l'embryon est une sorte de portrait de l'ancêtre commun », dit-il. Darwin avait insisté sur l'importance de ce capital « conservé par la nature ».

Corollaire de ce patrimoine, le cerveau humain possède une capacité de développement et de maturation inégalée : en une vingtaine d'années, le cerveau du nouveau-né connaît la même croissance que l'ensemble des organismes vivants sur des centaines de millions d'années. Cette accélération phénoménale du développement conserve les mêmes orientations : la logique du développement du cerveau humain est réglée par les lois de la pression sélective, à savoir s'adapter, se modifier, s'enrichir de nouvelles compétences pour assurer la survie.

## LE CERVEAU ET LE SQUELETTE

La suprématie de l'intelligence sur la taille du corps se confirmant, il était logique que la croissance du cerveau dépassât celle du squelette. C'est ce qui s'est effectivement produit. La courbure de la plaque neurale initiale a permis

1. L'ontogenèse étudie le développement progressif d'un être vivant, de sa naissance jusqu'à la fin de sa vie.

2. La phylogenèse étudie l'évolution d'une espèce, et par extension des espèces, tout au long de l'évolution.

l'ébauche des futurs sillons cérébraux. La seule façon de loger près de deux mètres carrés de cortex dans la boîte crânienne, c'est de les plier et de les replier.

On estime que si le squelette avait subi la même croissance que le cerveau, la taille de l'homme se situerait entre trois et quatre mètres ! Le cerveau a donc dû grandir sans augmenter son volume externe[3]. Là encore, l'ontogenèse se calque sur la phylogenèse puisque le bébé présente un rapport entre la tête et le corps beaucoup plus élevé que l'adulte.

Le développement du néocortex en six couches de plus en plus horizontales (l'enveloppe du fruit) est le grand bénéficiaire de cette performance de la nature, conformément à la logique de l'évolution.

Au début, le cerveau était principalement le récipiendaire d'informations auxquelles il réagissait par des réponses motrices. En continuité avec la moelle, véritable ascenseur des informations sensori-motrices, le cerveau ancien est constitué de neurones verticaux. Les assemblées neuronales les plus récentes, au contraire, sont de plus en plus horizontales, jusqu'au maillage très dense des couches du néocortex. Ce cerveau récent, par sa constitution, favorise l'établissement de multiples réseaux, offrant des possibilités d'échanges considérables. Plus tard, l'homme allait créer à l'extérieur une configuration assez proche sous la forme d'Internet.

Pour optimiser cette croissance cérébrale aux plans à la fois anatomique et dynamique, le génie de la Nature a inventé le procédé du plissement (les plicatures et les sillons).

---

3. Celle-ci a même diminué : la capacité crânienne des premiers *Homo sapiens* était de 1 650 $cm^3$ quand elle est maintenant de 1 350 $cm^3$.

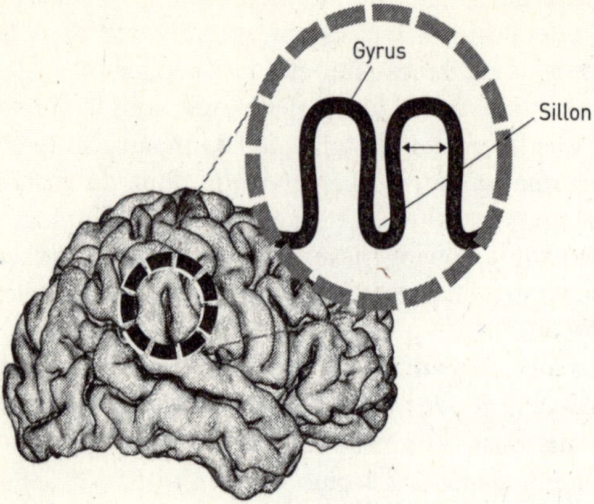


Figure 1.4

Cette procédure de plissement comporte deux avantages décisifs, une augmentation considérable des surfaces et un raccourcissement des distances. L'augmentation des surfaces permet d'atteindre une masse neuronale colossale. Or, dans le cadre des lois physiques classiques, le volume détermine la capacité de traitement de l'information. En revanche, le raccourcissement des distances permet un accroissement important de la vitesse de traitement, donc de la mise en relation de réseaux neuronaux. Une pensée, un fantasme, une image sont tous fondés sur l'activation de différents réseaux. Si je vous demande de vous représenter, les yeux fermés, l'image de la tour Eiffel, c'est une activation des réseaux sémantique puis visuel « tour Eiffel » qui vous permet de voir mentalement l'image suggérée. Ces activations impliquent une transmission rapide des informations entre des zones cérébrales souvent éloignées.

## *Quand l'homme refait le coup de l'évolution*

Par une sorte de clonage neuronal, l'homme inventa l'ordinateur. Il devenait désormais possible au cerveau humain de transformer en outils concrets et opérationnels des réseaux dont l'évolution l'avait lui-même pourvu. Le développement des productions cérébrales se faisait beaucoup plus rapide que le sien. Les nouvelles créations humaines, les technologies de l'information et de la communication, sont à l'origine d'un bouleversement dans l'histoire des relations entre l'homme et le monde qui l'entoure.

### DE LA MACHINE DE TURING AUX MONDES VIRTUELS

Les mondes virtuels sont nés peu après, derniers fruits du cerveau humain. Lui-même, dont l'imaginaire alimentait le jardin secret, s'est mis à réaliser des machines qui sont en train de prendre sa place, le dispensant d'imaginer. Il s'agit d'une véritable révolution dont nous ne mesurons sans doute pas encore toutes les conséquences.

Pendant que le psy continue de s'interroger sur la place de l'imaginaire, son fils, à côté de lui, sans avoir eu besoin de l'imaginer, non seulement joue, mais il *est* un être aux capacités surhumaines. Avec sa console de jeux, il peut voler dans les airs, décupler ses forces, sauter sur le sommet d'une montagne, créer des vies, en supprimer…

Il y a fort à parier que ces enfants-là ne se rencontreront pas d'ici dix ou vingt ans dans les cabinets de psys qui continueront de penser le monde, l'humain et le rêve comme du temps de leurs parents. L'apparition des mondes virtuels change radicalement les critères d'objectivité et de rationalité du monde. Le seuil de l'imaginaire se trouve ainsi décalé.

Surtout, il est probable, compte tenu des considérations précédentes, que le cerveau de nos enfants se doive d'acquérir des propriétés de plasticité encore plus importantes, pour s'adapter à ces situations inédites jusqu'alors.

## NATURALISER LES PROGRÈS DE L'INTELLIGENCE

L'idée de naturalisation vient de l'adjectif « naturel », comme on parlait de sciences naturelles, avant de les découper en sciences de la vie et sciences de la Terre. Naturaliser est une démarche scientifique qui tend à inclure les phénomènes mentaux, psychiques, au sein des sciences de la nature. À l'inverse du dualisme qui sépare le corps de l'esprit, laissant capturer ce dernier par la métaphysique, la naturalisation se donne pour but d'inscrire la pensée dans les lois du vivant. Elle teste expérimentalement que les phénomènes psychiques reposent sur des mécanismes dont on peut montrer le caractère naturel. Cette question est au cœur de ce chapitre. Le cerveau n'est pas un ordinateur surpuissant. C'est une supermachine vivante.

L'homme en a fait lui-même la démonstration, lorsque, enivré par les nouvelles technologies de l'information et de la communication, il a cru pouvoir déplacer à l'extérieur du cerveau les frissons propres aux productions de l'imaginaire. Les plaisirs ne sont pas les mêmes, ils sont comme édulcorés. Si les mondes virtuels peuvent provoquer des sensations nouvelles, elles sont différentes des créations fantasmagoriques de l'humain. Même les humanoïdes n'apparaissent que comme des prothèses de remplacement.

L'accroissement, majeur depuis la préhistoire, de la puissance et de la créativité intellectuelles n'a pu se produire qu'en conservant à l'esprit son naturalisme : la sensualité, la vitalité, la corporéité issues des origines du monde. William James, en son temps, l'avait déjà soupçonné. Damasio l'a confirmé. Voyons comment.

CHAPITRE 2

# L'ANIMAL EN NOUS

*La pensée qu'on avait écartée et qui revient,*
*il faut y prendre garde : elle veut vivre.*

Jean ROSTAND

On a longtemps douté que l'ordinateur puisse un jour dépasser l'intelligence humaine. Pour le calcul, la logique, désormais c'est chose faite. Aujourd'hui, les machines intelligentes sont des supercalculateurs dont la capacité, en vitesse et en quantité d'informations traitées, surpasse les capacités humaines. Le jour est venu où le champion d'échecs perd contre l'ordinateur.

Oui mais voilà, l'ordinateur n'a pas d'humanité. Il ne sait pas bluffer au poker. Il ne sait pas non plus rêver... Mais il oblige l'homme à se définir par rapport à lui : en quoi ne sommes-nous pas simplement des superordinateurs ? Parce que nous appartenons au monde du vivant et parce que notre histoire et nos comportements sont en permanence revitalisés par la présence d'un animal en nous. C'est lui qui aide au développement de nos facultés intellectuelles, et qui continue de les alimenter tout au long de la vie. Procréateur devenu partenaire, il demeure aussi un havre pour soulager les tourments de l'esprit.

## *Appartenir au vivant*

C'est l'appartenance au monde du vivant qui définit les humains. Ce *naturalisme* implique la présence de caractéristiques propres au vivant, héritées de l'évolution. Depuis leur origine, tous les organismes vivants partagent un double objectif commun : survivre et perpétuer leur espèce.

Les ordinateurs n'ont pas cette préoccupation. La maladie les laisse indifférents : ils se fichent de tomber en panne. Chez eux, l'angoisse de mort n'existe pas. Leur vraie faille, c'est qu'ils n'ont pas peur de finir dans une décharge sans avoir eu d'enfants...

Ce sont aussi ces deux lois du vivant, la lutte pour la survie et la perpétuation de l'espèce, qui sont à l'origine de la formation de liens solides entre les individus. L'attachement et l'amour sont les conséquences évolutives les plus abouties de ces deux lois initiales. Les fourmis ont pu trouver en groupe des règles de coopération dynamique, les abeilles ont inventé l'organigramme social. Les petits mammifères ont teinté d'*affectivité* la sexualité initialement vouée à la seule reproduction. Les vertébrés ont créé le clan puis la famille, et les hommes, peut-être même les primates, sont tombés amoureux.

Jean-Didier Vincent aura été l'un des premiers spécialistes des neurosciences modernes à porter un intérêt aux sentiments. Dans *Biologie des passions*, il a été un précurseur dans ce domaine. Certes, juxtaposer les comportements d'approche et le nombre d'intromissions sexuelles d'un rat et l'histoire de Tristan et Iseult pouvait paraître provocant. Mais la mise en évidence d'une continuité biologique évolutive des relations entre les sexes rompait avec l'hégémonie dualiste qui impliquait une autarcie radicale de l'esprit retranché dans sa noblesse.

## LE VIVANT DES ORIGINES

Des mots sont là, prêts au combat pour se disputer le territoire cernant le corps et l'âme : *instinct, émotion, sensualité, affectivité, sentiments, intelligence, mémoire...*

Je n'aborderai pas le questionnement philosophique sous-tendu par ces enjeux sémantiques. Comme le remarque Georges Chapouthier, « presque toutes les philosophies sont discontinuistes et défendent l'existence d'une rupture entre homme et animal. L'évolution de la science a conduit à un point de vue opposé, continuiste, issu notamment de la pensée darwinienne ».

Mon propos est tout autre, plus modeste : démonter ce faux paradoxe selon lequel nos sentiments seraient d'essence spécifiquement humaine alors que le développement de l'intelligence aurait pour moteur les qualités émotionnelles de la relation précoce, préverbale, commune à l'ensemble des mammifères. Les souris ont appris à aimer leurs bébés et à les protéger.

Le défi de l'homme est de savoir comment garder la nature biologique, la force vitale de ses passions sans y laisser son âme. Comment s'assurer que les énormes progrès de l'intelligence ne détachent pas l'esprit de son appartenance au vivant ? Faut-il se couper en deux parties indépendantes ? Non, on y perd l'âme et le corps à la fois : « Il n'y a pas de pensée sans corps, mais il n'y a pas non plus de corps sans pensée », dirait Alain Prochiantz. Faut-il alterner ? n'être qu'un corps à certains moments, puis un esprit performant et raffiné à d'autres ? Non, une boiterie, même à bascule, demeure une boiterie. Il faut être les deux en même temps, ou *presque en même temps*, nous le verrons. L'équilibre, c'est le travail du cerveau magicien : rester sur cette crête où la pensée ne dénie pas le corps, rester infiltré par sa force originaire, sans verser dans une corporalité primaire qui nierait les effets de notre histoire et de nos croyances sur nos conduites.

Notre démarche s'inscrit, nous l'avons dit, dans la perspective d'un emboîtement de l'ontogenèse et de la phylogenèse. Quand le petit d'homme vient au monde, il n'a presque aucun savoir de la vie. À elle seule, la mère ou son substitut résume, pour le nouveau-né, l'ensemble de la planète. Il doit apprendre le monde, ses plaisirs et ses dangers. Ce sont ces moments initiaux, ces premiers apprentissages, qui traceront les sillons des domaines de compétences, des traits de personnalité du futur adulte. Le bébé fera en vingt ans le même chemin que l'ensemble du vivant sur des millions d'années. C'est la raison pour laquelle il est possible de mélanger si facilement, si *naturellement*, des paragraphes sur l'ontogenèse à d'autres sur l'évolution. En découvrant les acquis cérébraux des espèces successives, on apprend en même temps le développement du cerveau humain. Nous le reverrons bientôt à propos du modèle de MacLean.

## LA QUALITÉ DU MILIEU GUIDE LE DÉVELOPPEMENT CÉRÉBRAL

À la naissance, même si les couches du néocortex sont déjà en place, l'ensemble des structures neuronales corticales n'est pas mature. Un an après, les lobes frontaux, pariétaux, temporaux, occipitaux font à peu près la moitié de leur taille adulte. La maturation du néocortex prendra plus de dix ans. Certaines connexions ne se produiront qu'à l'adolescence ou à l'âge adulte. Mais les premières années sont décisives pour l'acquisition des qualités relationnelles : les règles de comportement, les codes de la communication et de l'échange des opinions et des émotions s'assimilent au cours de ce laps de temps. Fitzhugh Dodson, représentant du courant américain du *training* pédagogique précoce, a insisté sur le fait que les six premières années sont cruciales pour stimuler l'enfant et canaliser ses apprentissages. L'argument invoqué est qu'il s'agit de la période de la vie où la plasticité cérébrale est la plus grande.

Le développement du cerveau est en effet stimulé et déterminé par la qualité de l'accueil du nouveau-né. La densité des neurones aussi bien que leur taille, leurs connexions (les synapses) et leur organisation fonctionnelle dépendent de ce milieu. Fait très important, les tissus du néocortex sont ce que les auteurs anglo-saxons appellent « du type *experience expectant* », qu'on peut traduire par « en attente de mise à l'épreuve, de sollicitation ». Pour se développer et se connecter, les zones néocorticales doivent en effet être considérablement stimulées dès les premiers mois de la vie. Ce sont la nature et la richesse des stimulations de l'environnement qui guident la croissance des axones et leur myélinisation. Il existe en effet deux types d'axones. Pour les premiers, la vitesse de propagation de l'influx nerveux ne dépend que de leur diamètre. Les gaines de myéline qui entourent les axones du second type accélèrent de cinquante à cent fois la vitesse de conduction nerveuse, qui peut ainsi atteindre jusqu'à cent mètres par seconde. Tous les neurones qui doivent transmettre très rapidement des informations ont des axones myélinisés. C'est fondamental pour toutes les réactions de survie et d'adaptation nécessitant des réponses véloces. Bernard Zalc a même suggéré que la myélinisation constitue un atout dans l'évolution.

Ce rôle de l'environnement dans le développement neuronal est confirmé par les cas de privation. Des chatons élevés dans un environnement appauvri formé exclusivement de bandes horizontales noires et blanches sont incapables de voir des lignes ou des objets verticaux. Ils se cognent dans les pieds de table, les arbres[1]... Cette cécité fonctionnelle pour les verticales est corroborée par des enregistrements électrophysiologiques. En implantant une électrode dans des cellules du cortex visuel, on peut recueillir l'activité électrique des neurones déclenchée par la présentation de stimuli visuels. Les chatons élevés dans un environnement exclusivement constitué d'horizontales témoignent d'une perte de réponse des neurones du cortex visuel lorsqu'ils sont stimulés par des images de verticales.

On a pu retrouver des cas proches de cette cécité perceptive chez les humains et chez les primates non humains[2]. C'est pour illustrer ces résultats et faire comprendre la plasticité du développement que les enseignants des facultés de biologie disaient, comme une métaphore, que les enfants du désert n'étaient pas doués pour voir les arbres.

## LE CORPS FONDE LES CULTURES

Cet impact de l'environnement sur le développement a aussi une influence sur les styles perceptifs définis par les usages et les coutumes. Le contexte sensoriel détermine en grande partie la manière dont les individus décodent la réalité, s'illusionnent, et même, d'une manière générale, toute leur culture. Les cortex sensoriels et le système sous-cortical (amygdale, thalamus, noyau sous-thalamique, etc.) intègrent les perceptions et en construisent le sens. Les représentations sont ainsi le fruit d'une sélection et d'une organisation de l'information. Ces différentes étapes peuvent être l'objet de biais nombreux, sources de susceptibilité particulière à certains types d'illusions. Trois phénomènes cumulés sont à distinguer. D'abord, on ne voit pas avec ses yeux mais avec son cerveau qui reconstruit une image à partir des pixels captés par la rétine. Ensuite, le cerveau est plastique et donc susceptible de variations conséquentes.

1. Hirsch, Spinelli (1971), cités dans Joseph R. (1980).
2. Joseph et Casagrande (1980).

Enfin, son développement est dépendant du milieu où il s'est développé. Ces trois facteurs ont pour conséquence que les individus ne construisent pas la même représentation d'un objet donné.

La figure qui suit en est un exemple.

Figure 2.1 – L'illusion du T renversé : malgré son apparence plus longue, la ligne verticale a la même longueur que l'horizontale.

Dans l'illusion du T renversé, les deux barres, pourtant identiques, paraissent avoir une longueur différente. Les Africains semblent être victimes d'une illusion du T renversé moins constante et moins forte que les Occidentaux[3].

3. Source McGill.

L'explication en serait qu'ils se sont développés dans un monde où les verticales sont très fréquentes (immeubles hauts et droits, mobilier urbain, pylônes, etc.) et où les formes géométriques avec des angles droits sont très répandues (murs verticaux, sols horizontaux, etc.). Ainsi, cette empreinte du monde sensoriel lors du développement fonde les croyances et les illusions, les *styles de magie. On ne peut rêver qu'avec les yeux de notre enfance.*

Il existe donc une dimension corporelle de la culture, issue du contexte perceptif et sensoriel du milieu. Les caractéristiques des civilisations tiennent aussi à des différences d'environnement perceptif.

## *Le bercement*

Venons-en maintenant à l'influence du corps sur le développement de l'affectivité. Cette empreinte de l'environnement précoce sur le développement neuronal s'étend en effet à l'ensemble des processus de développement du nourrisson, tant affectivement qu'intellectuellement. C'est dans ce sens qu'on doit comprendre Alain Prochiantz lorsqu'il dit que « ce n'est pas le cerveau qui génère la pensée, mais c'est bien la pensée qui génère le cerveau ». Les mouvements et les sensations du corps sont les bâtisseurs (à la fois les architectes et les maçons) de l'appareil psychique.

Lorsque l'enfant naît, sa motricité n'est pas contrôlée par la volonté. Cela se traduit par des mouvements automatiques et réflexes comme l'*agrippement* (*grasping*). Peu à peu, la motricité volontaire apparaît. Les stéréotypies rythmées représentent une étape intermédiaire du développement, mêlant les automatismes et l'ébauche d'un contrôle volontaire des mouvements. Elles apparaissent vers le troisième mois, leur maximum d'intensité et de fréquence coïncide avec le début de la maturation du striatum (dessin). Au fur et à mesure de la maturation striato-corticale jusqu'à un an, les stéréotypies diminuent.

Dans ces étapes maturatives, le rôle maternel est très important. L'association du bercement et du contact visuel entre le bébé et la mère a un double effet : développer le plaisir du mouvement et inscrire la notion de l'échange avec l'autre dans le corps de l'enfant.

Les mouvements pendulaires du bercement représentent une première expérience de sensation et de plaisir associés au déplacement dans l'espace. Le corps aide à fonder la sensation. Effectué dans le contexte doux et rassurant des bras maternels, le bercement favorise le développement de nouveaux réseaux associant le cortex vestibulaire (dévolu à l'équilibration) et les zones du système de récompense et du plaisir. Plus tard, le jeu de la balançoire rappellera ces premiers moments de l'apprentissage du plaisir dans le bercement... À l'adolescence, le délice qu'éprouve le surfeur en glissant sur les vagues trouvera encore sa saveur dans le rappel de ces premiers jeux dans l'espace. C'est l'un des exemples les plus significatifs de ce que les Anglo-Saxons appellent l'*embodiment* : le mécanisme développemental à l'origine du fait que, tout au long de la vie, le sentiment d'être soi, d'être l'agent de ses actions physiques et mentales, sera renforcé, étayé par des sensations corporelles. Chaque activité corticale, chaque pensée, sera alimentée, organisée par les structures sous-corticales qui pilotent le corps et les émotions. Les productions de l'imaginaire ne peuvent s'étendre, et prendre des libertés par rapport à la concrétude du monde physique, que si le corps maintient, comme la quille d'un bateau, l'inscription dans la réalité. Le corps joue ce rôle par sa permanence, comme le soulignait Merleau-Ponty à propos du corps propre. Quand un adolescent a l'impression qu'un de ses membres se détache parfois pour aller se promener sur le toit d'un immeuble, cela augure malheureusement d'une possible évolution schizophrénique.

## LA DÉCOUVERTE DE L'AUTRE PAR LES SENS

En inscrivant le partage du regard entre le nourrisson et la mère dans la perception des mouvements pendulaires, le bercement favorise l'intégration des sensations corporelles dans la formation du Soi. Plus encore, l'échange du regard guide les premiers pas de la relation à l'autre. Le plaisir partagé à deux est lui aussi *embodied*, inscrit dans le corps. Il participe à la fondation du partage entre soi et autrui.

Au-delà du seul bercement, les processus d'imitation sont un fondement biologique de la reconnaissance d'un autre par le nourrisson, puis de la compréhension interpersonnelle. Cette découverte d'une équivalence sans confusion entre le moi et l'autre s'avère essentielle au développement de la cognition sociale humaine. À travers l'imitation, les bébés humains apprennent qu'ils ne sont pas seuls, qu'ils existent comme membres d'une communauté de semblables, et qu'ils peuvent s'y individualiser. Nous y reviendrons.

## LE MANQUE

Réciproquement, les carences ont des effets cérébraux. En cas de déficit de contact, de raréfaction des stimulations humaines (le regard, la musique de la voix, les manifestations émotionnelles, le jeu...), *a fortiori* de maltraitance, la maturation neuronale est altérée. Cela peut aboutir à des perturbations ou des aberrations dans le développement des interconnexions synaptiques.

La fréquence des stéréotypies peut augmenter considérablement. « Ces manœuvres [balancement pour calmer l'enfant] ne peuvent avoir d'autre effet qu'agir sur la sensibilité qui a pour point de départ les canaux semi-circulaires et le labyrinthe, c'est-à-dire l'appareil d'équilibration qui est fait pour enregistrer l'orientation variable du corps et ses mouvements de translation dans l'espace. Les impressions liées à l'exercice de cette sensibilité ne sont pas efficaces que chez le nourrisson ; elles prennent chez certains idiots, dont la vie de relation reste rudimentaire ou nulle, une sorte d'exclusivité farouche et font qu'ils passent des heures entières à se balancer ou à tourner sur eux-mêmes avec frénésie... » Henri Wallon avait déjà repéré en 1945 que les balancements, normaux dans la première année de la vie, mais transitoires, peuvent persister chez des enfants déficitaires.

Dans certaines maladies neuro-développementales comme l'autisme, les stéréotypies réapparaissent, tels des pincements de peau parfois jusqu'au sang, des balancements de la tête ou du tronc. L'interprétation fonctionnelle de ces symptômes repose en partie sur des connexions insuffisantes entre les structures sous-corticales et le cortex. Des facteurs multiples – biologiques, génétiques, environnementaux – seraient à l'origine du défaut d'intégration des stimulations externes qui, normalement, assurent la « canalisation » des pousses des axones depuis le sous-cortex (en particulier du striatum et de l'amygdale) vers le cortex.

Ces étapes décisives du développement sont préverbales. Le langage n'aura de rôle que plus tard.

## LE CORPS NOURRIT L'ESPRIT ADULTE

On peut rapprocher ces différentes considérations des effets trophiques du corps sur le cerveau à l'âge adulte. Une revue récente de Charles H. Hillman et coll. a recensé les nombreux travaux chez l'homme et chez l'animal, attestant les effets importants de l'activité physique sur les performances cognitives, mais aussi sur la neurogenèse et la plasticité synaptique. Il s'agit presque exclusivement de l'activité aérobie, c'est-à-dire celle qui consomme de l'oxygène. Ces résultats concernent aussi bien les conséquences de l'exercice physique au niveau des performances intellectuelles qu'aux niveaux cellulaire et moléculaire. Les sujets pratiquant régulièrement le *fitness* ont de meilleures performances sur des tâches cognitives variées. D'autres études tendent à expliquer ces résultats par des modifications de l'activité électrique cérébrale mesurée par l'EEG (électroencéphalogramme) : certaines ondes (comme la P300) seraient à la fois plus amples et plus rapides, indiquant une plus grande activité des réseaux neuronaux impliqués dans les tâches exécutives. En IRM fonctionnelle, plusieurs travaux montrent les effets du *fitness* sur le cortex cingulaire antérieur, structure dont nous verrons bientôt l'importance.

De nombreuses études chez l'animal, en particulier les rongeurs, ont mis en évidence des effets cellulaires et moléculaires. La région la plus souvent étudiée est l'hippocampe, au niveau du gyrus dentelé : chez les animaux soumis à un entraînement physique régulier, la prolifération et la survie des cellules de l'hippocampe est très augmentée. L'injonction de Montaigne, « *Mens sana in corpore sano* », se trouve ainsi confirmée par les neurosciences.

## *Une archéologie des sentiments*

Nous avons vu depuis le début de ce chapitre l'impact de l'animal en nous sur le développement et le maintien de nos capacités affectives et intellectuelles. Nous allons maintenant nous intéresser aux conséquences de cette animalité persistante sur notre vie de tous les jours. Il faut d'abord commencer par décrire sommairement l'architecture fonctionnelle du cerveau.

Comment s'est produite l'alliance de cette affectivité phylogénétiquement très ancienne et de la prodigieuse capacité de représentation bien plus récente du cerveau humain ? Paul MacLean a donné une description du cerveau humain très claire : ce serait une superposition de structures cérébrales clefs acquises au cours de différents caps évolutifs. Il a élaboré un modèle triune, schématisant l'ensemble du cerveau humain en trois couches, trois strates correspondant chacune à une étape de l'évolution.

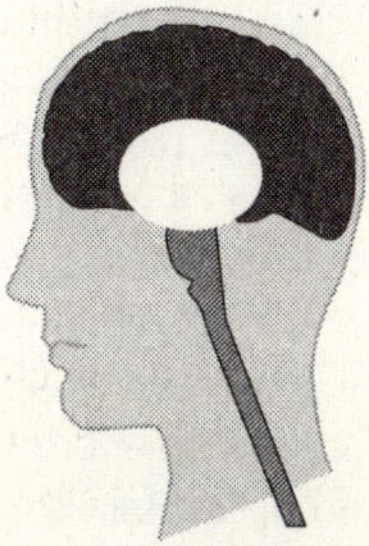

Figure 2.2

La plus ancienne, qu'il nomma « cerveau reptilien » (dont l'aboutissement actuel est le lézard), représente le cerveau primitif. Il est constitué des structures basiques nécessaires à la vie et à la survie : le tronc cérébral et les noyaux gris centraux. Elles sont responsables de l'éveil, de la faim, de la soif, de la sexualité. Elles reposent sur des programmes automatiques stéréotypés hérités génétiquement qui préludent à la recherche de nourriture ou de partenaire sexuel, à la chasse, à la défense d'un territoire, ou au contraire à la fuite. C'est dans ce cerveau le plus ancien qu'on voit apparaître le système opioïde du plaisir.

Le cerveau limbique ou cerveau paléo-mammalien, issu des vieux mammifères, a toutes les compétences affectives et sociales : les émotions et l'affectivité, la motivation et l'envie, les systèmes de récompense, les soins parentaux, le sens d'appartenance à un groupe. Ces compétences reposent sur des échanges entre plusieurs régions décisives dont nous décrirons les principales.

Les ganglions de la base et le système limbique comprennent tous les éléments et toutes les structures nécessaires pour traiter les événements et y répondre, y compris sur le plan émotionnel. Le coup de sabot du cheval est déjà un langage émotionnel... Ces deux parties les plus anciennes du cerveau, reptilienne et paléo-mammalienne, forment ce que MacLean a appelé « le cheval », pour désigner l'ensemble de la machinerie sous-corticale. C'est l'animal en nous.

Insistons pour souligner que c'est dans ce cheval que résident les racines des sentiments et des liens d'attachement, nous y reviendrons à plusieurs reprises. Vilayanur Ramachandran, l'un des plus éminents experts en neurosciences cliniques, relate un cas qui illustre bien l'ancrage sous-cortical de la familiarité et de la proximité. Un patient, après un traumatisme crânien et un coma de plusieurs jours, avait développé un syndrome de Capgras ou illusion des sosies. Il avait recouvré son intelligence, un comportement tout à fait normal à l'exception d'un symptôme qui consistait à ne plus reconnaître sa mère. Lorsqu'il la regardait, il disait : « Docteur, cette femme ressemble à ma mère, mais ce n'est pas elle, c'est un imposteur. » Le patient avait conservé les fonctions de reconnaissance des traits physionomiques, mais son cerveau était incapable d'y connecter l'information affective associée au visage maternel. Ce dernier, en effet, déclenche habituellement un état particulier associant la reconnaissance physionomique et l'émotion correspondante. Le patient, n'éprouvant pas d'émotion ni de sensation de familiarité, avait développé une interprétation délirante selon laquelle un sosie avait remplacé sa mère.

L'originalité du cas tenait au fait que, par contre, le patient reconnaissait tout à fait bien sa mère au téléphone. Cela permit à Ramachandran de faire l'hypothèse que le patient avait un faisceau électivement lésé entre son cortex visuel et ses structures limbiques.

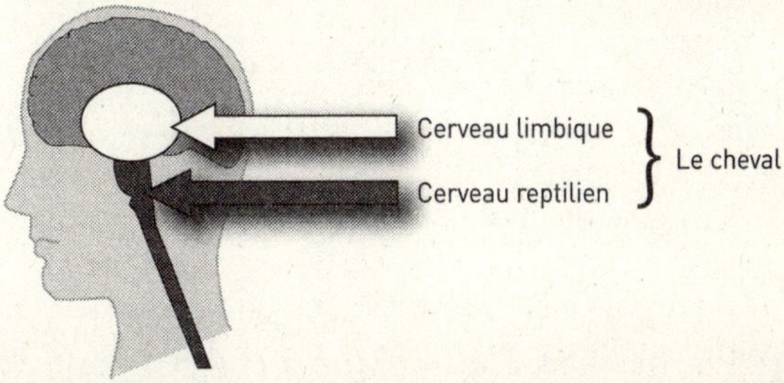


Figure 2.3 – L'animal en nous associe les deux structures les plus anciennes du cerveau : le cerveau reptilien qui gère les fonctions vitales en particulier la vigilance et le cerveau paléo-mammalien qui regroupe les structures limbiques.

Enfin, la troisième partie du cerveau, la plus récente, à l'extérieur et en avant, le néocortex, est la partie la plus achevée, la plus noble, elle regroupe tout ce qu'on met en général sous la dénomination d'« intellect » : le raisonnement, les opérations symboliques, dont le langage, l'anticipation, la planification, l'association, l'imagination, l'abstraction, en un mot l'intelligence. C'est le dialogue, le commerce entre cette partie récente, performante, du cortex et l'animal en nous qui est à la base du cerveau magicien. Nous le verrons en détail.

## LE MECCANO ÉMOTIONNEL

Pour décrire cette machinerie sous-corticale, le cheval, nous regrouperons la description des principales structures des deux grands systèmes qui gèrent l'animal en nous : le système d'alerte et de survie et celui du renforcement issu du plaisir et de la sexualité. Nous allons d'abord voir le système d'alerte et nous verrons le système de récompense au chapitre 5.

Globalement, la vie limbique repose sur les grandes fonctions que sont l'éveil, la recherche de satisfaction des besoins, la sexualité, les liens d'attachement, la défense et la survie. Le système émotionnel est au centre, en tant qu'outil organisateur, de ces différents buts. C'est l'animal en nous.

La puissance de leur pensée ne doit pas conduire les humains à quitter le monde de la réalité. L'homme ne peut s'abstraire des contraintes écologiques et ignorer que le monde du vivant a ses lois. Le corps génère la pensée, mais c'est aussi le filin qui rattache l'esprit humain au réel, sous peine de devenir une forteresse psychique, condamnée à l'emballement autistique et donc vouée à disparaître. Pour survivre, nous devons rester à chaque instant en prise sur le monde environnant. La magie, c'est de jouer avec le réel sans le perdre, sans l'oublier. Il nous faut à la fois prévenir les dangers éventuels et aussi échanger avec l'environnement : les autres et les charmes de la réalité. C'est le rôle du système d'alerte : détecter les dangers, mais aussi pêcher dans notre milieu de quoi alimenter notre activité psychique et affective.

LA VITESSE : BONDIR

Je marche le long du boulevard de Port-Royal en pensant à mon travail. C'est jour de marché. Les étalages alignés dessinent un goulot, les passants grouillent. Le chant d'un orgue de barbarie perce dans le concert des bruits de la ville. Une vieille dame tire lentement son caddie. Je suis pressé, j'envie les badauds qui flânent ; j'en veux presque aux chalands qui me ralentissent.

Voulant contourner un attroupement, je descends mécaniquement sur la chaussée tout en continuant de réfléchir à ma journée de travail. Soudain, je me retrouve presque nez à nez avec un autobus qui fonce sur moi. J'ai déjà presque atterri sur le trottoir lorsque retentit le son violent et rauque de son klaxon. C'était à deux doigts...

Alors, encore tremblant, je dis : « J'ai *eu* peur. » Effectivement, cette peur ne peut être décrite qu'au passé. Elle a été trop rapide pour que j'en pense ou dise quoi que ce soit. Cette peur n'était pas là pour être commentée, ni éprouvée, mais pour me sauver la vie. L'animal en moi – l'amygdale et les noyaux gris centraux – a fait le nécessaire. Si j'avais dû penser quelque chose avant de sauter sur le côté (« C'est un bus, il y a un danger, il faut que je recule... »), je serais passé sous l'autobus.

Voyons les supports de cette rapidité, le Meccano cérébral de ce système d'alerte. Les structures sous-corticales sont capables de traiter très rapidement les événements et d'y répondre. Leur fonction dans la situation naturelle, c'est la survie.

Le système d'alerte repose principalement sur quelques structures décisives : les cortex sensoriels primaires (voir, entendre, sentir, etc.), le thalamus sensoriel, l'hippocampe, enfin, et surtout, l'amygdale. Toutes ces structures sont en double, une par hémisphère. Elles sont situées à proximité des noyaux gris centraux qui assureront la réponse motrice qu'ils sélectionneront en urgence.

On sait que le fonctionnement de ce système d'alerte met en jeu des processus de traitement de l'information inférieurs à 200 millisecondes, ce qui est trop rapide pour tolérer une longue circuiterie corticale, ou des processus conscients.

## UN MIRADOR SUR LE MONDE

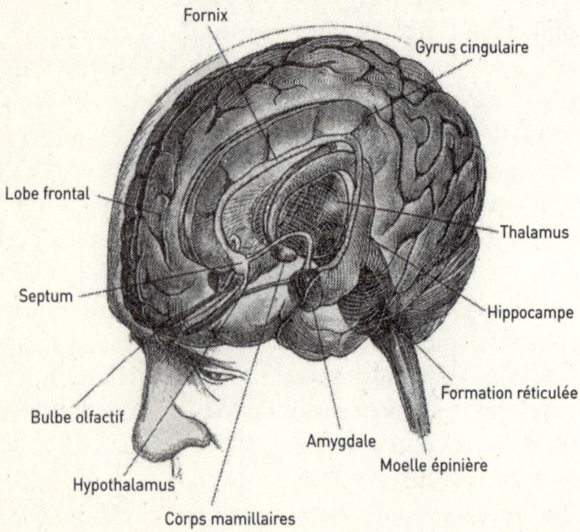


Figure 2.4 – L'amygdale et le système limbique coiffés du cortex.

L'amygdale cérébrale est le principal gardien, véritable gendarme attentionnel de l'environnement interne et externe. Elle a un rôle essentiel dans la réaction de peur qui génère la fuite, mais aussi dans beaucoup d'autres sensations. Globalement, elle attribue aux événements qui se présentent une valence émotionnelle : négative, dangereuse, ou positive, favorable. Organe complexe formé de nombreux noyaux, elle reçoit des informations depuis les entrées sensorielles qui convergent vers elle. Le thalamus sensoriel est son partenaire privilégié.

L'hippocampe est l'organe principalement impliqué dans la gestion de la mémoire. Le fait qu'une structure aussi importante n'a pas migré vers le néocortex et demeure au sein du système limbique à proximité des ganglions de la base est très significatif. Les racines émotionnelles de la mémoire sont restées dans l'animal en nous, au plus près des humeurs et des instincts.

L'hippocampe est spécialisé dans le traitement, non pas d'un seul stimulus, mais d'une collection de stimuli, c'est-à-dire du contexte de l'événement. Pour décider très vite du caractère dangereux ou non d'une situation, le sujet doit disposer d'une appréciation d'ensemble. Ainsi, une casserole qui se renverse n'est véritablement dangereuse que si elle est remplie d'eau bouillante ; la mise en contexte, c'est avoir retenu qu'on venait juste de faire bouillir de l'eau dans cette casserole. Au cours des événements traumatisants, les liens étroits de l'hippocampe avec l'amygdale sont invoqués pour expliquer qu'un accident puisse laisser une trace anxiogène dans la mémoire. En poursuivant l'exemple précédent, je dirai que si je me suis ébouillanté avec la casserole, ma peur se réveillera chaque fois que je ferai bouillir de l'eau...

## *L'échange animal*

« Un jour que l'attelage était dans une montée très rude, le cheval, essoufflé, allait avec peine et s'arrêtait à chaque instant. Assis sur la voiture et les rênes en main, le père s'impatientait de sa lenteur. Furieux, il le menaça de son fouet à plusieurs reprises et lui en cingla les flancs. Le cheval ne se plaignit pas, mais il tourna la tête vers son père et le regarda d'un air si triste que le fouet lui échappa des mains et qu'il rougit jusqu'aux oreilles. Sautant à bas de la voiture, il alla se jeter au cou de son cheval et lui demanda pardon de s'être laissé aller à une si grande dureté. » (Marcel Aymé.)

Certains éthologistes disent que si nous comprenons les animaux, si nous pouvons communiquer avec eux, les aimer, c'est parce que nous avons le même cerveau limbique. Nous partageons les mêmes fondamentaux émotionnels : les mimiques, les gestes, la même musique vocale (la prosodie). Si nous pouvons reconnaître les émotions animales sur un simple enregistrement audio, qu'il s'agisse d'un chien qui hurle son mal ou d'un chat qui miaule, c'est bien parce que nous avons les mêmes réseaux neuronaux de reconnaissance des émotions. C'est vrai des émotions positives comme des situations d'affrontement ou de combat. L'adage selon lequel, face à un animal agressif, il ne faut pas montrer sa peur s'inscrit dans cette logique. Le rapport de forces se joue au même niveau émotionnel, limbique.

C'est cette connivence limbique qui explique notre goût pour les animaux. Cela peut paraître trivial, ou simpliste, de dire que la compagnie d'un animal domestique repose le cerveau, mais c'est tout à fait exact physiologiquement. Il faut juste ajouter que notre néocortex est moins sollicité qu'avec des congénères humains : l'échange repose sur une confraternité limbique. Des études épidémiologiques ont montré que la tension artérielle baisse significativement lorsqu'on possède un animal de compagnie. C'est vrai d'un animal familier. C'est aussi démontré, et c'est plus surprenant, chez des étudiants mis en présence d'un chien inconnu. Les auteurs qui prônent la présence d'un animal de compagnie contre le stress doivent être pris au sérieux.

Le National Institute of Health américain a fait une étude dont il ressortait que les résultats étaient suffisants pour lancer des programmes de recherche sur le thème de l'animal comme facteur de santé publique.

### QUAND LE COMPLIQUÉ DU PRÉSENT DÉCOURAGE : LA RÉGRESSION

Le sujet âgé, peut-être parce qu'il est moins rapide, ou parce que son néocortex est fatigué, perd sa capacité à maintenir la même gourmandise des rapports humains. On dit qu'il radote, on sent qu'il ne situe plus les événements dans leur contexte actuel, il n'arrive plus à suivre la conversation familiale au déjeuner dominical. Quand ses enfants parlent de la nouvelle mode du Vélib' à Paris, il n'y comprend rien. On lui explique que ce sont des vélos à louer, il ne comprend pas pourquoi on loue un vélo au lieu de l'acheter. Il faut tout lui expliquer minutieusement. Ce qui était une simple réplique de la conversation devient un véritable dossier nécessitant une description pas à pas. Le rythme de l'échange du groupe se trouve ralenti, la partition familiale interrompue.

Alors l'ancêtre se retire. La complication engendrée par le présent le décourage. Il préfère les références du passé. Ce décalage appauvrit la relation entre les deux partenaires, l'âgé et ses enfants. La magie de la communication disparaît.

Pendant un certain temps, le vieillard trouvera encore dans la virginité métacognitive de ses petits-enfants ou arrière-petits-enfants la fraîcheur des échanges humains émotionnels simples et univoques. Et puis la courbe s'inversera : les petits descendants quitteront la simplicité de la première enfance pour devenir des adeptes de l'abstraction, de la symbolisation, de la métaphore, tandis que, chez le patriarche, les routines de la magie corticale se rouilleront.

On peut aisément comprendre alors son repli vers son compagnon animal, dans une connivence limbique dépourvue des complexités du néocortex. Au risque de susciter pendant la transition la jalousie de ses propres enfants (« Il n'y en a plus que pour son chat ! ») ; ce qui montre bien qu'eux aussi considèrent les animaux comme des rivaux, donc comme étant des leurs… La jalousie, c'est vrai de tous les sentiments, relève de l'animal en nous.

CHAPITRE 3

# LE CHEVAL ET LE CAVALIER

*Un de mes amis, cavalier, me dit que le cheval n'est pas intelligent ; il a seulement beaucoup de mémoire.*

Jean GIONO, *Le Cheval de paille*

Le cerveau animal que nous venons de décrire s'articule au néocortex. C'est le thème de ce chapitre : la vie émotionnelle, d'origine limbique, est coiffée par une connectique cérébrale toujours plus complexe. De leur bon commerce dépend l'équilibre psychologique. Nous verrons d'abord les aspects fonctionnels de ces relations : comment les émotions interagissent avec l'activité mentale, comment les systèmes neuro-modulateurs anciens hérités de l'évolution continuent d'accommoder l'appareil psychique. Nous décrirons ensuite des situations particulières correspondant à des variantes cliniques ou écologiques. D'abord les cas où l'activité psychique s'emballe en laissant de côté le corps émotionnel. Puis la situation inverse, quand l'esprit trouve un répit dans la pratique sportive.

## *Deux cerveaux empilés*

Ils sont nés ensemble, ils ont grandi ensemble, ils finiront ensemble. À eux deux, ces cerveaux empilés rassemblent toute la machine cérébrale humaine. Leurs compétences proviennent de deux périodes successives de l'évolution. *A priori*, tout les oppose.

L'un est rapide, intuitif, sensuel, arrogant, expressif, méfiant, rancunier. Sa rapidité va de pair avec son intuition. Sa sensualité provient de ce que c'est lui qui a faim, qui a soif, qui a des désirs sexuels, qui se met en colère. C'est lui qui commande la force physique et sexuelle. La base de son caractère, c'est sa mémoire. Sa méfiance est garante de sa sécurité. Le caractère rancunier en découle : l'hippocampe et l'amygdale coopèrent côte à côte pour analyser les événements nouveaux en déployant leur historicité. Dans un contexte donné, chaque événement peut être comparé à des événements antérieurs par le système d'alerte. Oublier ce qu'on sait, les déboires qu'on a pu connaître, c'est d'abord prendre un risque. La rancune, c'est aussi un système de survie, quitte à s'en départir ensuite. Cet appareil sous-cortical regroupe les cerveaux reptiliens coiffés de ceux des vieux mammifères de la description de MacLean. Enfoui à l'intérieur de l'appareil cérébral, il ne grossit plus. Nous l'appellerons *le cheval.*

L'autre est plus lent, réflexif, intelligent, raisonneur, logique, associatif, il planifie, fait des liens, symbolise, métaphorise, commente, bavarde, digresse. Il vient des primates. C'est le néocortex. Il ne cesse de grossir, de s'épaissir, devenant chaque siècle plus intelligent et plus performant. Nous l'appellerons *le cavalier.*

Tous deux sont à la fois irréductibles à une seule entité et inséparables. L'un ne peut fonctionner sans l'autre. C'est le cheval, l'ancien, qui a aidé le cavalier à se développer, qui lui a donné l'énergie et les règles pour construire sa belle intelligence. C'est le cheval qui continue de baigner la pensée (les humeurs...). Puis les choses se sont inversées dans le mouvement de l'histoire du vivant. Quand l'intelligence a supplanté la force physique, le néocortex est devenu le maître cavalier, il a pris les commandes.

Mais le cavalier a deux handicaps. Il n'est pas assez rapide, pas assez spontané, trop réflexif, trop compliqué... La survie nécessite souvent la vivacité : pour éviter une voiture, un obstacle, pour se défendre, il ne faut pas perdre de temps à réfléchir. L'autre lacune du cavalier tient au fait qu'il ne sait pas respirer la vie : il peut l'imaginer, la transformer, la métaphoriser, se la remémorer, il ne la vit pas.

Qu'il s'agisse de souvenirs remémorés, de pensées imaginaires, il ne peut les ressentir seul. Sorte d'ordinateur désincarné, il n'a pas de programme pour éprouver. En d'autres termes, *le cortex cavalier ne sait pas jouir*. Alors, il doit demander au cheval de donner de la vie, du corps, des sens, à ses pensées et à ses souvenirs. Le cavalier donne le sens, le cheval donne les sens.

Ils sont donc condamnés à vivre ensemble. Ils ont appris, ils continuent d'apprendre à se connaître, à s'apprécier, à se supporter. Mais la règle de base est immuable. Le cavalier commande, il doit *maîtriser sa monture*... Il adresse des messages « par le haut » (*top-down*). Le cheval éprouve avant de penser, toujours prêt à s'emballer et à réagir viscéralement. S'il a peur, il se cabre. D'origine ancienne, il envoie des informations « par le bas » (*bottom-up*).

De l'harmonie et de la complicité entre les deux compères dépend la magie humaine.

## L'HOMME : UN ANIMAL COIFFÉ D'UN ORDINATEUR

L'émergence des neurosciences cognitives a permis d'intégrer les connaissances issues de deux disciplines, la neurobiologie et la psychologie cognitive. La donne s'en trouve changée, ouvrant la porte à l'union libre du corps et de la pensée.

Le neurobiologique n'est plus relégué dans les bas quartiers de la neurochimie moléculaire puisqu'il devient le moteur, le promoteur, de la noblesse psychique. De son côté, la cognition, initialement considérée comme une psychologie froide extrapolée de l'informatique, n'est plus coupable d'inhumanité, de froideur, de rationalisme. Elle renferme désormais du biologique, du vivant. On s'éloigne ainsi des débats claniques, nés dans une atmosphère dualiste, entre la neurochimie et la psychologie.

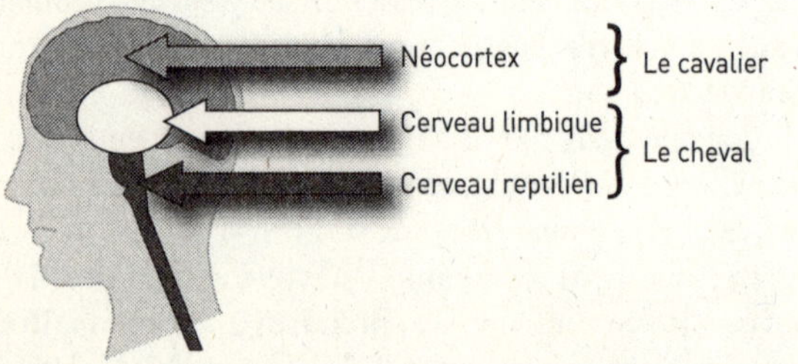


Figure 3.1 – Le cheval et le cavalier.

Les débuts de la neurobiologie avaient mis en place un modèle de cerveau réduit aux trois premiers neuromédiateurs : la dopamine, la noradrénaline et la sérotonine. On a même cru à cette époque pouvoir expliquer chacune des principales maladies psychiatriques par le dysfonctionnement d'un de ces systèmes. Nous verrons plus loin qu'on sait maintenant que c'est plus complexe. Il n'empêche, le sous-cortex (le cheval) renferme les corps cellulaires des grands systèmes neuro-modulateurs (dopamine, noradrénaline, sérotonine) qui projettent dans les aires corticales. C'est là que se trouvent les cibles des médicaments psychotropes, nous y reviendrons. C'est là aussi que se situent les cibles des substances naturelles issues de l'alimentation.

## AGIR SUR L'ESPRIT PAR LE BIAIS DE L'ANIMAL EN NOUS

Quand je bois un café, j'augmente ma concentration et mon travail cortical par une stimulation sous-corticale de la vigilance (le locus cœruleus et ses récepteurs bêta-noradrénergiques). Fumer une cigarette produit des effets assez proches en stimulant les récepteurs nicotiniques. Ces systèmes envoient des signaux au néocortex (le cavalier). En schématisant, on pourrait dire qu'ils augmentent les impulsions énergétiques qui alimentent le travail néocortical.

Réciproquement, le système sérotoninergique aide à jauger les caractéristiques sensorielles de l'environnement, l'évaluer et le filtrer. C'est ce qui explique son effet anxiolytique et sédatif. En diminuant l'intensité des stimulations issues de l'environnement, la sérotonine a un caractère apaisant. Si je suis stressé par un excès relatif ou absolu de stimulations et d'événements, je peux chercher à autoréguler ce stress par l'alimentation ou la boisson. Les glucides ont la propriété de favoriser le passage du tryptophane, acide aminé de l'alimentation et précurseur de la sérotonine, à travers la barrière hémato-encéphalique. C'est l'un des effets recherchés dans la prise de vin ou d'alcool. Les sucreries et le chocolat provoquent de la même façon une augmentation de la synthèse de sérotonine cérébrale.

Il y a ainsi une logique biologique à la coutume du petit chocolat posé sur l'oreiller par la femme de chambre qui vient, dans l'hôtel, préparer le lit pour le coucher.

Il en est de même pour l'usage de sucrer son café ou la nouvelle mode d'adjoindre un chocolat dans la soucoupe du petit express servi à la terrasse de la brasserie. La caféine augmente l'éveil et l'attention et rend ainsi plus sensible à l'environnement. La sérotonine augmente les capacités de filtrage et de gestion de cette perception accrue du monde qui nous entoure. Le sous-cortex, hérité des mammifères, est en effet très compétent pour jauger sensoriellement l'environnement, l'évaluer et le filtrer : le cheval a cinq sens.

La connectique corticale permet l'intégration de l'ensemble des informations concernant l'environnement externe (et interne) du sujet. Elles constituent le matériel du travail de la pensée associative, véritable spécialité du néocortex : lorsque, avec ma clef, j'ouvre la porte de mon appartement, je le fais automatiquement, sans en avoir conscience. Si ma serrure est un peu grippée, je peux même corriger légèrement ce mouvement sans nécessairement en prendre conscience. Dans ces deux cas, seules les structures sous-corticales sont concernées. En revanche, si l'on a essayé de forcer ma porte au point que j'éprouve une difficulté à l'ouvrir, l'acte va devenir conscient et déclencher ma pensée associative. Alors, le raisonnement, le questionnement, l'inquiétude vont se mettre en branle...

## *Le cavalier maîtrise sa monture*

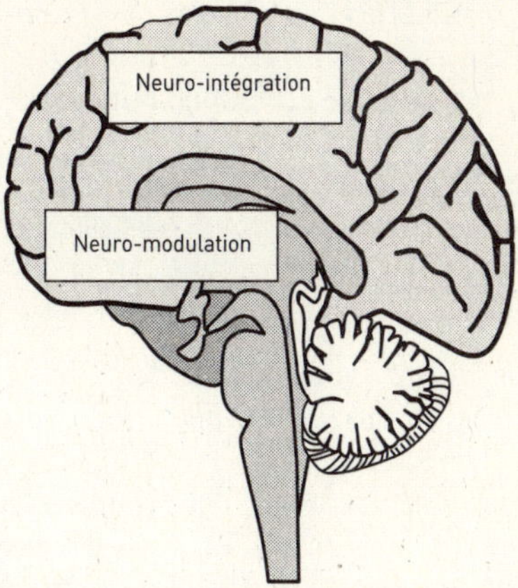


Figure 3.2

On peut ainsi résumer la coopération entre le cheval et le cavalier à une interaction entre une neuro-modulation d'origine ancienne, intégrant les informations « par le bas » (*bottom-up*) et une neuro-intégration computationnelle renvoyant des messages « par le haut » (*top-down*).

Nous avons vu que la règle est que le néocortex soit globalement dominant. Il inhibe normalement le sous-cortex en fonction des nécessités. L'harmonie de ce système hiérarchique implique des capacités de vitesse élevée de traitement et d'échange d'informations. Nous verrons en effet comment le cerveau travaille à la fois de façon distribuée et parallèle.

À cette qualité de vitesse s'ajoute le fait que les grands systèmes ascendants ont la caractéristique d'influer plus la *manière* dont les informations vont être traitées par les différents réseaux neurocognitifs que le *contenu* même de ces informations. Cette influence s'exerce en particulier au niveau du cortex préfrontal sur lequel se projettent les trois systèmes.

## *L'émotion infiltre la pensée*

### LA PENSÉE NATURALISÉE

Lorsque j'ai soif, la simple vue d'une échoppe me procure du plaisir. Un ensemble d'opérations est mis en jeu : sensorielles (l'intégration du percept visuel), sémantiques (catégorisation « épicerie »), des connaissances (« une épicerie vend des boissons »). Et aussi des procédures de raisonnement, d'anticipation. Mais l'anticipation de l'action (acheter une bouteille d'eau fraîche) ne déclenche celle d'un plaisir que si la mémoire de l'expérience hédonique de satiété est activée. Alors seulement, je peux simuler le plaisir de la satiété par avance.

Le cortex préfrontal est le régisseur du néocortex colorant les pensées de sensualité en s'inspirant des sensations antérieurement mises en mémoire grâce au système mnésique hippocampique sous-cortical. Le cavalier demande à son cheval de lui rappeler ce qu'est le plaisir de satisfaire sa soif...

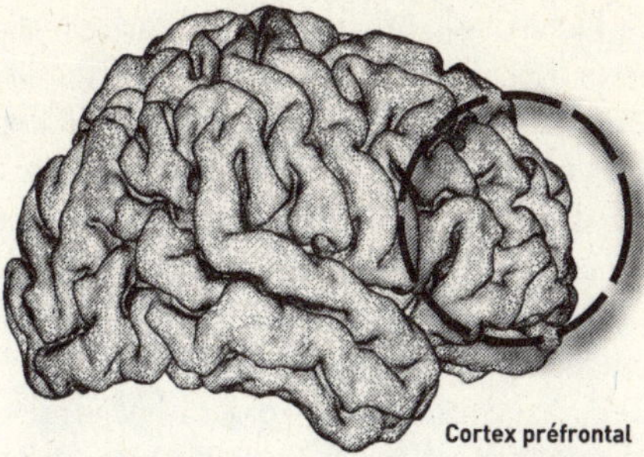


Figure 3.3

À l'origine, l'émotion est d'abord un état somatique. La coloration émotionnelle d'une pensée est nécessairement issue du souvenir des expériences sensorielles primaires de satisfaction. John Rogers Searle en a fait un principe : « Le réseau d'intentionnalité dans son ensemble ne fonctionne qu'assorti d'un arrière-plan de capacités humaines qui en elles-mêmes ne sont pas des états mentaux... »

LE CORTEX PRÉFRONTAL EXÉCUTEUR ÉMOTIONNEL

Le cortex préfrontal joue un rôle décisif dans ces capacités. Il peut concentrer un ensemble d'informations sur l'activité des différents réseaux, permettant ainsi l'élaboration de représentations internes complexes. Celles-ci peuvent intégrer des informations issues des autres aires corticales et surtout du système limbique. MacLean fait remarquer que « le cortex préfrontal est le seul néocortex qui regarde vers le monde intérieur de nos sentiments.

Cliniquement, il est évident que le cortex préfrontal, en regardant "à l'intérieur", procure le sentiment viscéral... ». On comprend alors que son rôle soit particulièrement important pour conserver aux performances de l'esprit les propriétés du vivant. Le cheval veille.

Le concept de fonctions exécutives rend compte de la cognition de la vie quotidienne. Les fonctions exécutives permettent de déterminer, dans la palette des comportements, les meilleures stratégies pour répondre aux stimuli environnementaux. Surtout, elles organisent un jeu rapide entre processus contrôlés et processus automatiques. Conduire une voiture est un bon exemple de planification (la route pour mener à la destination) et de coopération entre des automatismes (freiner, changer de vitesse) et processus contrôlés (changer de parcours s'il y a un encombrement, ou faire un détour parce qu'on a subitement envie d'aller acheter des fleurs à sa femme).

Un bon exemple de la gestion des automatismes par le cortex préfrontal est celui des travaux qui concernent les épreuves de double tâche lors de la marche, cette dernière étant typiquement une activité automatique. Un sujet normal est parfaitement capable, tout en marchant, de compter de trois en trois, ou de chercher cinq mots commençant par un P. Gilles Allali et coll. ont montré que cette tâche devenait très difficile pour des sujets atteints de lésions fronto-temporales. Soit leur marche devient irrégulière, soit ils s'arrêtent de marcher, anxieusement, pour accomplir la tâche de comptage.

Dans le cas des sujets normaux, on peut observer un phénomène proche en cas de tension émotionnelle. Il peut vous arriver, en marchant dans la rue, si vous avez soudainement une idée, de vous arrêter. Il peut aussi vous arriver, lorsque vous êtes en promenade avec un ami, d'arrêter de marcher pour approfondir la conversation en cours ou pour dire quelque chose d'important. C'est une façon de constater l'impact de l'émotion qui interrompt un fonctionnement automatique, comme celui de la marche.

### LÂCHER LES AUTOMATISMES POUR IMAGINER

C'est là qu'interviennent la gestion de la planification et la flexibilité cognitive, capacité à changer ou alterner les stratégies motrices ou conversationnelles. Les fonctions exécutives, du cortex préfrontal permettent en particulier au cerveau de dévier d'un comportement stéréotypé en réponse aux stimuli environnementaux ou émotionnels. Les tâches mettant en jeu les fonctions exécutives nécessitent par définition des processus contrôlés et une inhibition des processus automatiques. Cette flexibilité est aussi requise pour des activités de pensée propres au cavalier : les associations d'idées, les projets, la créativité, l'imagination. Dire comme Éluard que « la Terre est bleue comme un orange » requiert des changements d'appariement et une souplesse particulière dans le flux de pensées.

On conçoit que le jeu permis par cette flexibilité favorise la créativité et les capacités de l'imagination. L'équipe de Richard Lévy, au centre d'anatomie cognitive de la Pitié-Salpêtière, est d'ailleurs en train de préciser cette relation expérimentalement, en étudiant également le développement d'une créativité « paradoxale » dans certains cas de démence.

## *L'adaptation par l'émotion*

Souvent les travaux en neurosciences qui intéressent la psychiatrie considèrent l'émotion comme le lieu primaire du phénomène physiopathologique. Intuitivement, ces courants de recherche infèrent que l'altération de l'émotion peut expliquer la pathologie. Cette perspective, si elle a pu être féconde, semble parfois trop causaliste, unidirectionnelle. Elle néglige la perspective inverse, au moins aussi importante. Plus que la régulation de l'émotion, c'est sa valeur adaptative qui importe. L'émotion n'est pas une fin, mais un outil de régulation intrinsèque de la vie affective. Sa modulation, en plus ou en moins, participe à l'adaptation. Son expression est l'indice, certes d'un état émotionnel à un instant donné, mais aussi d'un travail affectif en cours, visant au retour à l'équilibre.

Le « cela fait du bien de pleurer » n'est pas seulement un dicton populaire, c'est aussi une réalité physiologique, celle du rôle de soupape que peut jouer l'émotion. Pleurer mon chagrin, c'est décharger une tension douloureuse si forte qu'elle ne peut se restreindre à la seule pensée, le corps doit parler, s'exprimer. Il en est de même des autres émotions : la colère soulage, au moins à court terme, avant ses éventuelles conséquences ; le rire est inévitable, il permet une décharge en même temps qu'il fait du bien. Ce n'est pas tant réguler la peur qui est important, ce qui compte, c'est la valeur régulatrice de la peur. Darwin n'a-t-il pas inscrit, dans sa théorie de l'évolution, l'émotion comme un outil de survie et d'adaptation ?

Un argument supplémentaire est venu étayer cette thèse dans l'étude très récente de Joshua M. Susskind et coll. sur le rôle adaptatif des mimiques de peur et de dégoût. Regardez-vous dans la glace en mimant la peur : vous pourrez constater que cette mimique augmente la plupart de vos entrées sensorielles : les yeux sont grands ouverts, les narines et les fosses nasales sont élargies, la bouche est ouverte. Mimez maintenant le dégoût : vous constaterez que c'est exactement l'inverse. Tous les orifices tendent à l'occlusion, y compris les yeux. L'étude montre même que, dans ce dernier cas, les fosses nasales sont quasi obturées. Les auteurs donnent à ce constat un sens darwinien : la peur protège en tentant de recueillir le plus grand nombre d'informations ; au contraire le dégoût a la finalité inverse.

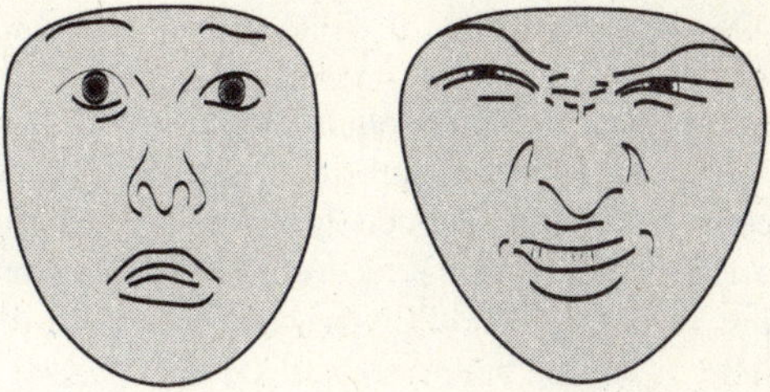

Figure 3.4 – D'après Susskind (2008).

QUAND LE CAVALIER RÊVASSE

Le néocortex a une double fonction : il pilote, il contrôle le sous-cortex, mais comme tout cavalier il peut aussi rêver, penser à autre chose, faire deux choses à la fois, rêvasser lorsqu'il s'ennuie, s'amuser à transformer le réel en jeu de mots, en imaginaire, à le colorer. « L'homme est un animal aux instincts de survie primitifs : son ingéniosité s'est donc développée d'abord, et son âme ensuite », disait Charlie Chaplin.

Héritée des espèces précédentes, l'émotion peut être la simple décharge d'une tension : *le coup de pied est un coup de sabot.* L'expression émotionnelle est aussi un message de connivence ou d'affrontement, un langage de communication avec un congénère. La mimique, le regard permettent de l'informer sur nos intentions, voire de lui signifier ce qu'on attend de lui. Jusque-là, rien de différent des mammifères supérieurs, l'émotion a une traduction physiologique, motrice, mimique et gestuelle. Mais l'homme l'a pourvue d'un degré de liberté supplémentaire, celui du langage, parlé et pensé. Je peux commenter l'émotion, lui associer des souvenirs : « J'ai eu aussi peur que le jour de mon accident. »

## L'ÉMOTION CHIMÉRIQUE

Je peux créer des *chimères émotionnelles*, dire en souriant : « J'ai raté mon examen », ou mimer la tristesse dans un discours cynique ou ludique. Les émotions ont plusieurs niveaux expressifs : la mimique, les gestes ou les sensations viscérales (accélération du pouls, cheveux qui se dressent sur la tête et commentaire verbal). Claude Hagège a souvent insisté sur le fait que « Vous avez l'heure ! » était un message quasi inverse (j'ajouterai « émotionnellement » inverse) de « Vous avez l'heure ? ». Nous avons montré dans notre laboratoire, à propos de l'humeur dépressive, que les émotions étaient souvent des recombinaisons de différentes composantes aboutissant à des chimères émotionnelles. Un discours triste avec un visage souriant, ou au contraire une mimique de colère déniée par le sujet, ou encore un vécu d'indifférence contrastant avec une mimique inquiète[1]. Ces chimères émotionnelles sont souvent utilisées dans le jeu d'acteur pour produire un effet de surprise chez le spectateur. Nous reviendrons sur ce point à propos des différents types d'empathie.

C'est peut-être parce que nous jouons sans arrêt à recombiner l'émotion avec des représentations sémantiques très différentes que nous éprouvons parfois le besoin de nommer nos sensations primaires. Je bois un verre d'eau puis je dis : « J'avais soif. » À quoi cela sert-il de me dire ou de penser que j'avais soif ? On peut faire l'hypothèse que, après des heures de magie où j'ai imaginé un monde autre que celui du simple réel, où j'ai joué à être des personnages

1. Jouvent et coll. (1988).

que je ne suis pas, c'est une façon de m'ancrer à nouveau dans la réalité. D'utiliser les informations issues de mon corps pour me réagentiviser, pour resynchroniser le cheval et le cavalier, comme on réinitialise un ordinateur.

## *Quand la pensée s'emballe*

Ces dissociations entre l'activité psychique et la vie émotionnelle peuvent être exagérées. Certaines conditions favorisent l'emballement de l'esprit en délaissant l'activité physique. C'est le cas de situations particulières comme les jeux de réalité virtuelle ou certaines pathologies.

### LES MONDES VIRTUELS

L'homme dont l'imaginaire alimentait le jardin secret s'est mis à réaliser des machines dont, parfois, il est tenté de croire qu'elles vont se substituer à lui, le dispenser d'imaginer. Il s'agit d'une véritable révolution pour l'esprit autant que pour le corps.

Il n'était pas naturel jusqu'alors, que, assis dans un fauteuil de la maison familiale, on doive se diviser en deux pour qu'une partie du moi puisse rouler à 300 km/h dans une voiture de course. Il est remarquable de voir comment les jeunes enfants, dans des jeux vidéo où, assis, ils pilotent une voiture sur l'écran, penchent l'ensemble de leur corps dans les virages, comme s'ils se penchaient sur un vélo. Leur cerveau encore incomplètement mature accepte moins facilement de mettre l'ensemble du corps au repos. Même dans l'interaction avec le virtuel, le cerveau conserve du corps.

C'est peut-être pour cela que les nouveaux jeux vidéo intègrent une webcam ou des capteurs de position, mettant ainsi dans la scène les mouvements de l'enfant. Comme si les progrès de la technologie avaient pu rendre insoutenable le maintien de la position immobile lors d'une simulation très réaliste des mouvements permise par les nouveaux jeux. À partir d'un certain seuil d'activité et d'excitation mentales, le corps lui aussi doit s'exprimer. Certaines dérives addictives aux jeux vidéo peuvent être considérées comme une perte du rôle régulateur de l'activité corporelle.

## PENSER SANS CORPS

Certains patients présentent une désynchronisation entre le « tout mental » et le corps au repos. L'inhibition anxieuse, qui associe une exacerbation de la vigilance interne avec une raréfaction des expressions motrices, en est un exemple fréquent. On peut l'observer également lors de surdosages d'antidépresseurs sérotoninergiques : les patients se décrivent comme fatigués physiquement, ayant du mal à bouger, tout en étant très énervés intérieurement, comme s'ils avaient bu des quantités énormes de café. Il suffit alors de réduire le dosage d'antidépresseurs. Beaucoup d'autres cas existent, en particulier chez les anxieux, où la rumination et la mentalisation s'emballent, privées de la soupape permise habituellement par l'expression corporelle.

C'est un des objectifs des traitements psychothérapiques que d'aider les patients à recalibrer leurs tensions émotionnelles avec leur activité psychique. Il ne s'agit pas seulement de leur dire : « Faites du sport. » Il faut leur réapprendre à synchroniser leur activité mentale et celle de leur corps. C'est pour cela qu'il est en général plus efficace de leur proposer la pratique d'activités physiques non automatiques. On peut penser à ses soucis en marchant, ce qui est, nous l'avons vu, une tâche automatique. Ce n'est pas possible en jardinant ou en descendant un chemin de montagne, parce que ces tâches capturent l'attention, rendant indisponible l'énergie psychique qu'exigerait la rumination.

Il faut savoir mettre l'activité psychique au repos. C'est l'un des intérêts de la pratique sportive.

## *Déconnecter la pensée associative : le tennis*

Elle est slovaque, douzième mondiale sur le circuit du tennis professionnel féminin. Surdouée, à 14 ans elle jouait Rachmaninov en concert. Famille d'intellectuels universitaires. Elle s'est mise au tennis grâce à sa grand-mère, ancienne joueuse, qui l'a formée dès la première enfance.

Elle est entière, grande travailleuse, très appliquée. Plus qu'une perfectionniste, c'est une esthète. Son coup droit est, aux dires des spécialistes, l'un des plus purs du circuit. Son credo est que l'intelligence et la stratégie peuvent supplanter la force de ses adversaires mastodontes.

Elle a percé à 16 ans, probablement trop tôt. Puis, descente dans les profondeurs du classement pendant plus de trois ans. Elle est de retour depuis quelques mois. Janvier 2008 : sa première demi-finale d'un tournoi du Grand Chelem, l'Open d'Australie. Son adversaire est numéro 3 mondiale ; très bonne technicienne, un peu de rouerie, une grande force physique.

La Slovaque surdouée commence le match au sommet de son art, elle joue un tennis de rêve. Elle gagne le premier set et enchaîne même les huit premiers jeux d'affilée. On pense que le match va être « plié », comme disent les experts.

Puis les choses se dérèglent : l'arbitre commet une erreur d'appréciation et lui refuse un coup gagnant décisif, pourtant attesté par la nouvelle technique du challenge vidéo. Elle ne dit rien, le public est surpris qu'elle proteste à peine. Elle commence à enchaîner les maladresses. Elle ne se remettra pas de cette injustice, elle perdra le match. Son incorrigible intelligence l'a trahie.

Comme si, incurablement, elle faisait plus confiance à son intelligence qu'à son corps, elle s'est mise à associer. Elle a dû penser quelque chose comme « c'est injuste » ou « il ne faut pas que je me déconcentre », peut-être s'est elle laissée aller à éprouver une ébauche de tristesse ou de dégoût. Elle s'est déconcentrée : elle a pensé.

Quand John McEnroe apostrophait l'arbitre en hurlant d'une voix métallique, on disait qu'il se déconcentrait, or c'était probablement le contraire. Il avait une réaction animale. C'était sa manière de rester à un niveau sous-cortical pour décharger sa tension sans déclencher sa pensée associative. Il ne pensait pas. Chez les tennismen, se concentrer, c'est ne pas penser !

Regardez un match de tennis. Lorsqu'un joueur ou une joueuse gagne un point, il ou elle explose, serre les poings, mime le triomphe avec le corps tout entier. Cette hyperexpressivité émotionnelle, en toute autre circonstance, serait caricaturale.

Tout dans le comportement du joueur indique une attitude animale, presque coupée du monde. Le joueur évite de croiser le regard du ramasseur qui lui donne les balles. Dans toute autre situation, cela pourrait paraître hautain ou méprisant. Ici, il s'agit juste d'une stratégie pour rester dans un état de concentration presque absolue, sans le moindre échange social. Avant un nouveau point, chacun a son rituel, parfois même des tics. Le serveur fait rebondir la balle un certain nombre de fois, rajuste son tee-shirt ou ses cheveux. Le receveur prépare l'arrivée de la balle souvent par un mouvement stéréotypé de balance ou d'oscillation. À la pause du changement de côté, certains joueurs opèrent un rituel, parfois obsessif. On a ainsi vu Nadal, lors de la récente finale de Roland Garros, réprimander un appariteur parce qu'il avait déplacé l'une de ses bouteilles, modifiant une disposition géométrique qu'il venait de remettre en place très minutieusement.

C'est une manière de rester concentré, de ne pas risquer de solliciter sa pensée associative : pour renvoyer une balle de service qui arrive à 200 km/h, il ne faut surtout pas en penser quoi que ce soit.

Nous faisons l'hypothèse qu'il s'agit d'une stratégie intuitivement acquise pour éviter le déclenchement de la pensée associative. Le paradoxe en l'occurrence, c'est que se concentrer consiste à ne rien penser. C'est rester animal, sans langage autre que celui du corps, qui n'a ni rêverie ni divagation, c'est ce qui fait sa force…

C'est un des exemples où la magie du jeu fonctionne sans la pensée. Ou, plus exactement, avec une pensée réduite exclusivement au mode automatique, non conscient, rapide, concrète, animale, charnelle. Le plaisir est dans le jeu, le stress est dans la survie, symbolisée par le combat pour le gain du match.

Même les spectateurs, dans leur mouvement rythmique alternatif de la tête pour suivre l'échange, sont en situation de partage par le geste. Dans le silence de l'arène, on entend seulement le rythme des allers-retours de la balle, sorte de métronome du groupe. Les spectateurs synchronisent leur balancement de la tête avec le mouvement et le bruit de la balle : encore le bercement…

## LE PLAISIR DU CORPS

Même en dehors de la compétition, le sport est l'un des domaines où l'on se trouve le plus souvent dans des situations comparables de « déafférentation » néocorticale, où l'esprit peut se reposer, témoin complice des seuls plaisirs du corps. Le cavalier délègue au cheval la dégustation de la vie – « Parfois je pense et parfois je suis », avait opposé Paul Valéry au cogito cartésien.

Si je descends à ski une piste rouge en éprouvant du plaisir, je ne peux pas en même temps penser ce plaisir. Je peux avant, en haut de la piste, dire que je vais me faire plaisir en la descendant. Je peux après, en bas de la piste, commenter ma satisfaction. Mais, pendant la descente, l'inondation sensorielle de l'action envahit la conscience. Quand c'est fort, on n'en pense rien, on ressent. C'est ce que certains obsessionnels n'arrivent pas à faire, par exemple lorsqu'ils ont des pensées intrusives en faisant l'amour.

Ce plaisir du corps est souvent partagé. Au ski, souvent on s'arrête sur le bord de la piste, à deux ou en groupe, après cinq ou six virages. Façon, à plusieurs, de remettre les cavaliers en selle. Pour qu'ils bavardent entre eux, pour retrouver une communication entre cortex, après coup. On vient de ressentir un plaisir sensuel et moteur presque absolu, solitaire. Le moment est venu de partager à nouveau, de réintroduire dans une harmonie groupale les instants de plaisir accumulés lors de l'échappée sensori-motrice solitaire. Je ne peux pas faire entrer l'autre dans mes chaussures de ski... Alors on dit quelque chose comme : « Super ! la neige est bonne ! » « Nous tendons instinctivement à solidifier nos impressions, pour les exprimer par le langage », commentait Bergson dans son *Essai sur les données immédiates de la conscience.*

CHAPITRE 4

# PENSER, C'EST FAIRE

## La simulation

*On n'écrit pas un roman d'amour pendant qu'on fait l'amour.*

COLETTE

Nous venons de voir que le couple cheval/cavalier suivait la règle de la suprématie du cavalier. Les effets descendants (*top-down*) prédominent de telle sorte que les comportements instinctuels soient en principe régulés par la pensée. Ce chapitre est consacré au phénomène de simulation, l'une des découvertes les plus importantes des neurosciences cognitives. Comment le cavalier peut-il maîtriser les pulsions primaires de l'animal en nous ? En effectuant dans l'esprit l'équivalent de l'action que génère la réaction pulsionnelle du cheval. Il s'agit de l'un des mécanismes de base de la régulation du comportement humain : penser un acte dispense de le faire.

« Aujourd'hui c'est moi qui viendrai te chercher à la sortie de l'école et nous irons prendre un goûter chez le glacier », dit la mère. « Chic ! je prendrai une glace au chocolat et aux raisins », surenchérit son fils qui sautille de joie.

Ce dialogue anodin met en branle chez chacun des deux interlocuteurs un ensemble d'opérations complexes de simulation mentale. La mère communique un projet, une intention, qui constitue en réalité un programme très précis d'actions séquentielles : monter dans la voiture à la sortie de l'école, faire le trajet jusqu'au glacier, descendre, s'asseoir à une table, commander les glaces, etc.

À l'annonce de ce projet, rare plus qu'inhabituel, l'enfant réagit en simulant par avance son plaisir sensoriel. Par ce mécanisme, il choisit déjà entre ses glaces préférées. S'il peut s'animer et se réjouir de la nouvelle, si imaginer la scène lui fait tant plaisir, c'est parce qu'il la simule au plan perceptif. De la sorte, la dégustation de la glace a déjà commencé dans l'imaginaire.

## *Le cerveau simule*

Alexander Bain, psychologue de l'action avant que ce ne soit une discipline individualisée, avait déjà suggéré en 1868 que penser était une forme atténuée d'agir, émanant d'« une restriction du discours ou du geste ». Plus d'un siècle après, notamment dans l'équipe de Marc Jeannerod, est apparu un ensemble de travaux étayant cette hypothèse d'une continuité biologique entre la pensée et le geste.

Le schéma ci-dessous représente les activations en imagerie cérébrale d'un sujet lorsqu'il lève le bras (*en bas*) et lorsqu'il imagine qu'il lève le bras (*en haut*). Dans les deux cas, on peut remarquer une activation des aires motrices du cortex.

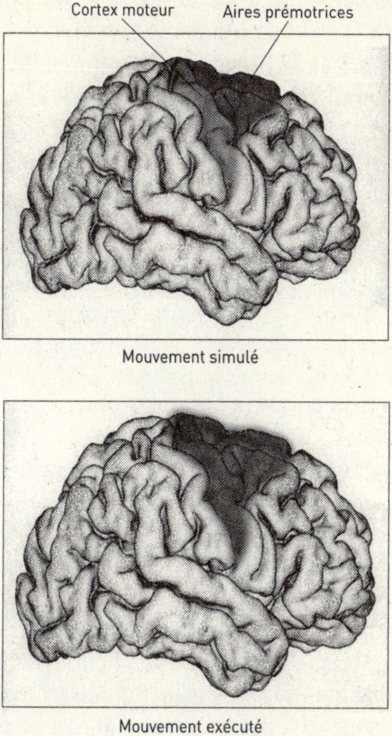


Figure 4.1 – Schématisation d'une imagerie cérébrale de l'activation des aires motrices dans les deux situations de simulation et d'exécution de l'action.

De nombreux travaux ont montré que la simulation d'un mouvement et son exécution activaient les mêmes zones : le cortex prémoteur du lobe frontal, l'aire motrice supplémentaire et le cortex moteur lui-même[1]. Ce dernier

1. Roth M. et coll. (1996) ; Lotze (1999).

est quantitativement moins activé lors de la simulation pure, environ le tiers de son activation lors de l'acte.

Lorsqu'on lève le bras et lorsqu'on imagine qu'on lève le bras, des populations neuronales identiques sont activées. Ainsi, comme le remarque Marc Jeannerod : « La représentation de l'action fait partie intégrante de l'action, elle est en continuité fonctionnelle avec l'exécution de l'action. » C'est la preuve que nous sommes des êtres capables de simulation. La pensée et l'imaginaire trouvent leurs racines « naturelles » dans les actions motrices. De là vient la ressemblance entre le « penser » et le « faire ».

## TEMPS DE LA SIMULATION ET DE L'ACTION

On raconte que Jean-Claude Killy avait élaboré une stratégie de préparation personnelle lors des jeux Olympiques de Grenoble en 1968. À cette époque, les parcours du slalom géant étaient tracés la veille de la course. Les skieurs pouvaient reconnaître le tracé à condition de ne pas traverser, mais de longer la piste. On dit que, le soir dans sa chambre, le futur triple champion olympique chronométrait son parcours mental. Puis il recommençait sa simulation pour essayer de gagner quelques dixièmes de seconde.

Le lendemain, il paraît qu'il pouvait prédire avec un écart de moins d'une seconde le temps qu'il mettrait à effectuer un slalom qu'il n'avait encore jamais descendu dans la réalité. Plus de vingt ans avant les scientifiques, Killy avait découvert que l'imagerie mentale motrice était une simulation synchrone de l'action.

Dans les années 1990, Jean Decety et Marc Jeannerod, qui travaillaient sur l'imagerie motrice, ont comparé le temps que mettaient des sujets sains pour effectuer mentalement et réellement un parcours. Presque à leur surprise, ils ont trouvé que les temps de parcours imaginé et de parcours effectué étaient les mêmes. Ils ont alors supposé que c'étaient peut-être les mêmes systèmes neuronaux qui étaient impliqués dans les deux situations. C'est ainsi qu'ils ont entamé cette ligne de recherche décisive.

La synchronie entre la simulation et l'action semble altérée chez nombre de patients anxieux. Lorsqu'on demande à un agoraphobe de faire mentalement puis réellement le trajet d'un bout à l'autre d'un couloir d'une quinzaine de mètres, la durée du trajet mental est souvent raccourcie. C'est encore plus fréquent chez les sujets qui, après un traumatisme orthopédique ou parce qu'ils sont âgés, ont peur de tomber. Dans leur cas, le trajet mental dure souvent la moitié, voire le tiers du trajet réel. Il est tentant de penser qu'ils veulent se débarrasser de la tâche anxiogène pour eux. Comme si la magie du cavalier tentait de soulager un cheval échaudé.

### SIMULER LA PERCEPTION

Imaginez-vous passant la main sur un tissu en soie. Imaginez-vous ensuite effleurant une nappe en papier. Vous devez être capable de ressentir chacune des deux perceptions. Maintenant, comparez les deux touchers et pensez à leurs différences. Vous venez de simuler vos perceptions.

Livrez-vous à un autre exercice. Cette tâche dite de « la tour de Londres » fait partie de la batterie classique des fonctions exécutives qui sont sous la dépendance du cortex orbito-frontal. Elle est perturbée chez les déprimés et dans certaines pathologies neurologiques qui affectent les ganglions de la base ou le cortex frontal comme la maladie de Parkinson.

Regardez les deux dessins ci-dessous :

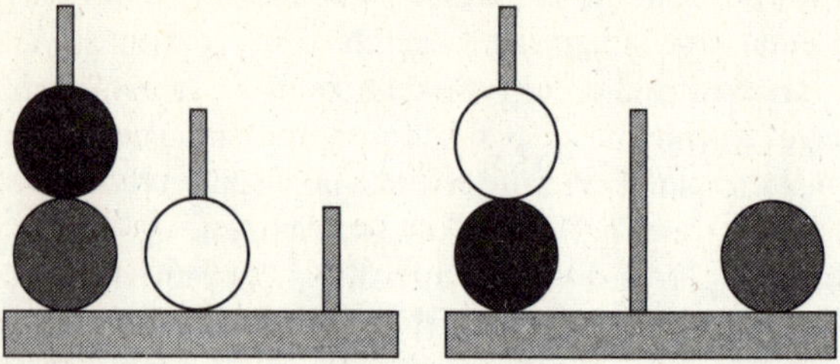

Figure 4.2

Essayez de faire l'épreuve mentalement. Il s'agit, avec le moins de manipulations possible, de modifier la configuration existante à gauche pour obtenir la configuration de droite. Vous devez déplacer les boules une à une. Vous n'avez pas le droit de retirer toutes les boules en une fois puis de reconstruire la nouvelle figure.

Vous pouvez aisément simuler la tâche motrice, en vous imaginant bougeant les boules une à une jusqu'au résultat recherché. Vous devez passer par des étapes intermédiaires, la première consistant à mettre le boule noire sur la tige du milieu, etc. Mais pour effectuer cette simulation motrice, à chaque étape intermédiaire, vous êtes obligé d'imaginer la nouvelle configuration. Vous venez d'effectuer une simulation perceptive de la conséquence de votre mouvement.

Notre imaginaire se nourrit de telles simulations perceptives. Quand je dis en plein hiver que j'aimerais me baigner dans une mer chaude des Antilles, je simule une perception qui *vitalise* mon idée. Ma pensée mobilise l'animal en moi, elle est « à proximité » des plaisirs du corps. C'est parce que je peux me représenter les propriétés physiques, spatiales, voire temporelles de la baignade – les « *affordances* » selon l'expression de Gibson –, que je peux trouver un plaisir qui renforce ma rêverie.

Cette simulation du plaisir, c'est précisément ce dont les anhédoniques et les déprimés sont incapables, nous le verrons. Nous avons dit, et nous y reviendrons, que l'épreuve de la tour de Londres était difficile pour les déprimés, voire impossible chez ceux qui ont eu de multiples récidives.

Comme pour les actions motrices, l'imagerie cérébrale a permis de mettre en évidence les mêmes phénomènes d'activation des cortex sensoriels. Ainsi Denis Le Bihan a-t-il pu montrer que la perception d'un objet et sa remémoration provoquaient l'activation des mêmes aires sensorielles.

Nous avons décrit successivement, par souci de clarté, les phénomènes de simulation motrice et perceptive. Or les deux sont couplés : c'est la boucle perception-action, chère à Alain Berthoz. En insistant sur l'idée que « percevoir c'est agir », il a montré que, comme pour le comportement, le monde des pensées n'est pas séparé en deux, d'un côté les processus sensoriels et de l'autre des actes moteurs, mais qu'il est au contraire unifié. L'intégration de l'être au monde physique repose sur le couplage entre la perception et l'action. « Ma main se sent touchée aussi bien qu'elle touche. Réel veut dire cela, rien de plus », suggérait Paul Valéry.

## *La réalité psychique est action*

Nous venons de voir que le cortex moteur primaire était activé lors de l'imagination d'une action, même s'il l'était moins qu'avec l'action réelle, ce qui probablement empêche son exécution dans la réalité. Quant aux aires prémotrice et motrice supplémentaires, elles sont le fait d'une activation identique. C'est peut-être la contribution la plus forte des neurosciences cognitives sur la simulation : la mise en évidence de l'unicité du système générant les actions et leurs représentations. Comme l'a remarqué Gallese, le système moteur a une double face, exécutive et représentationnelle.

Il n'y a pas d'un côté des réseaux de neurones pour faire et de l'autre des réseaux pour imaginer qu'on fait. Pierre Janet en avait eu l'intuition. En s'interrogeant sur les mécanismes de la volonté, il suggéra qu'« un acte volontaire ne pouvant s'intercaler entre l'idée et le mouvement qui sont toujours indissolublement unis, c'est dans l'idée elle-même, dans le phénomène intellectuel proprement dit, qu'il faut chercher ». Joëlle Proust s'inscrit dans la même perspective en mettant en avant la notion de volition, « l'événement par lequel l'agent *se met "en mesure d'agir"* en vue d'un résultat (qui peut être interne ou externe) ».

Autrement dit, imaginer un acte n'a pas son propre réseau neuronal. C'est au contraire une partie constituante du répertoire de l'agir. Réciproquement, on ne peut pas faire un mouvement sans le simuler.

La simulation pure, c'est l'activation d'une représentation d'action qu'accompagnerait une inhibition de l'exécution motrice. Cela conduit à repenser cette conception du sens commun selon laquelle l'imaginaire serait une activité spécifique, isolée du comportement, de nature particulière.

## LE CORPS EST DANS LES MOTS

Cette identité de nature entre l'action et sa représentation se retrouve jusque dans la nature de la langue. Le corps choisit les mots. Ses racines sont souvent repérables dans les représentations et le langage. Les traces des premiers usages de la boucle perception-action demeurent comme fondement de la pensée symbolique. Lorsqu'on s'entend dire qu'on est trop dur avec ses proches, si cette remarque a un impact émotionnel, c'est peut-être parce que le mot « dur » contient les vestiges de la sensation de dureté de la table de notre petite enfance. Comme si le mot provoquait le rappel d'une simulation perceptive *a minima*. La question se trouve posée aux linguistes de savoir si le pouvoir des mots ne tient pas aussi à l'induction de simulations perceptives.

Ramachandran a bien étudié ces phénomènes à propos de la métaphore. Il suppose des réseaux qui traversent les modalités[2] (visuelle, verbale, auditive, etc.) : « Si l'on vous montre une ligne floue ou baveuse et une ligne en dents de scie, et qu'on vous demande laquelle est "rrrrr" et laquelle est "shhhh", la plupart des gens associent systématiquement la première à "shhhh" et la seconde à "rrrrr". » L'auteur fait l'hypothèse que le cerveau aurait acquis chez l'homme une nouvelle compétence consistant à transformer des informations issues des aires sensorielles primaires en représentations du second degré, en « métareprésentations ». Anciennement réduite à de simples représentations de la sensation, l'expérience des sens aurait donné lieu à des représentations de représentations qui conduisent à la pensée symbolique.

Dire de quelqu'un qu'il veut « arrondir les angles » active les souvenirs perceptifs des formes géométriques apprises à l'école primaire. Il ne s'agit pas seulement d'une considération sémantique. Le mot qu'on prononce ne mobilise pas exclusivement le dictionnaire de l'autre, il induit aussi l'éprouvé d'une sensation chez l'autre par le biais d'une simulation partielle. C'est probablement là une limite de l'approche linguistique en psychanalyse. Le signifié n'est pas toujours là où on le guette, réduit à une représentation désincarnée. Sa force tient à son ancrage dans l'affect.

2. On appelle « modalité » les canaux correspondant aux différentes entrées sensorielles : visuelle, auditive, olfactive...

## LE LANGAGE DE L'ACTION

Une jeune patiente vient de commencer une thérapie parce qu'elle souffre de son impulsivité. Elle est timide, peu sûre d'elle et susceptible. Mais ce dont elle veut se défaire, ce pour quoi elle a décidé de consulter, c'est son impulsivité. Elle se plaint de « tirer sur tout ce qui bouge ».

Émoustillée par le début de la thérapie, elle en parle souvent à son compagnon. Peut-être pour se rassurer de l'arrivée de ce nouveau personnage dans leur vie, ils ont pris l'habitude d'évoquer ensemble le thérapeute et de le nommer par son prénom, Henri. Un jour, pendant que son ami regardait un match de l'Euro, elle lui dit : « Moi, mon gardien de but, c'est Henri, et c'est pas sûr qu'il puisse arrêter tous les penalties. »

Le lendemain, en sortant de séance, elle envoie un SMS à son amoureux – « Henri goal encore » – croyant seulement poursuivre la boutade du soir précédent. Son ami, jouant avec la sonorité du message, décide d'interpréter le SMS autrement : l'analyste rigole encore, il ne la prend pas au sérieux, il se moque d'elle.

La polysémie est tombée dans le domaine public depuis une génération. Les jeunes ont appris à jouer avec le sens des mots. Ils savent que l'inconscient, c'est dire quelque chose alors qu'on parle de tout autre chose.

Que l'intuition interprétative de l'ami soit juste ou non, qu'elle reflète plus ses propres archives représentationnelles que celles de son amie, n'est en l'occurrence pas le plus important. Ce qui est intéressant, c'est que la matière de ce mot d'esprit ne consiste pas dans le jeu de mots, mais dans l'ambiguïté de l'action. La trace motrice est la molette du jeu entre le signifié et le signifiant : arrêter les tirs de la jeune femme (Henri goal) et la moquer (En rigole) sont deux actions. Comme pour l'émotion, la trace du mouvement infiltre le langage, et sert souvent de racine au signifié.

Daniel Widlöcher ne dit pas autre chose dans *Métapsychologie du sens* lorsqu'il postule que l'action est l'indice primaire de la *réalité psychique*, concept qu'il tient pour la découverte fondamentale de Freud. L'idée forte est que « à l'origine le fantasme inconscient se définit sur le mode de l'accompli ». C'est-à-dire que le fantasme est une « illusion d'action ». S'inspirant des philosophes de l'action, Daniel Widlöcher restera comme celui qui a rendu la pensée freudienne perméable aux neurosciences cognitives.

La portée de cette formalisation de la pensée en termes d'action dépasse le seul domaine de la vie inconsciente. Au-delà de la théorie psychanalytique, Freud s'inscrit dans le champ théorique plus global de la simulation. Gallagher et Jeannerod avaient eux-mêmes soulevé la question de savoir si Freud était un théoricien simulationniste dans leur dialogue sur le mot d'esprit. « La réaction de rire du spectateur qui voit le sujet tomber en arrière lorsqu'il tente de soulever un objet très léger qu'il croit très lourd n'est possible que parce que le spectateur simule la situation perceptive. »

L'action est même une base du symbolique. D'un homme, on dit que c'est un cavaleur, d'un autre qu'il a les dents longues, d'un troisième que c'est un suiveur ; chaque fois, l'action est le germe de la métaphore qui décrit des traits de la personnalité. On pourrait dire la même chose de l'imaginaire.

## DU FANTASME À L'ACTION : LE PREMIER AXE DE LA MAGIE

La simulation, en rendant équivalents un geste exécuté et un geste imaginé, offre ainsi un degré de liberté supplémentaire à l'action.

Ce double mouvement, cet aller-retour entre événements physiques et événements psychiques constitue le premier axe du cerveau magicien. Il fait office de curseur entre le réel et l'imaginaire, entre l'imaginé et l'exécuté, donnant une formidable versatilité aux répertoires qui combinent actes psychiques et actions corporelles. Je peux ébaucher un geste sans l'achever : commencer d'ouvrir les bras pour accueillir l'autre, ou bien seulement lever le bras pour taper sur la table et le laisser en suspens. À chaque instant, nous parcourons ce gradient de simulation le long duquel se combinent, dans des proportions variables, la simulation d'une action et son exécution comportementale.

Figure 4.3

## *Simuler plutôt que faire*

On a longtemps considéré que le comportement était une conséquence de la pensée. On s'est plus rarement intéressé au point de vue inverse. Le fait de simuler une action peut dispenser de la réaliser effectivement. Le remplacement du faire par le penser est un mécanisme de régulation essentiel des conduites. Ce mécanisme neural que j'appellerai *principe de substitution* permet à l'activité imaginaire, consciente ou non, de participer à l'adaptation du comportement humain, en particulier social.

On peut observer les effets de ce mécanisme de régulation dans de nombreuses situations de la vie quotidienne. L'éducation, les bonnes manières, les apprentissages sociaux en général reposent sur un développement de l'aptitude à inhiber un comportement primaire par le truchement d'une simulation. L'homme qui croise une jolie femme dans la rue s'interdit un geste inopportun en le dénommant intérieurement, voire en esquissant une simulation motrice non finalisée. L'automobiliste énervé par un congénère et qui pense ou murmure une injure se dispense ainsi de l'assommer en sortant de sa voiture.

C'est ce que n'arrivent pas à faire les sujets impulsifs ou psychopathes, ceux qui frappent, avant de penser quoi que ce soit, le passant qui vient de les bousculer par inadvertance. Certains d'entre eux s'excusent d'ailleurs de ne pas avoir eu le temps de « réfléchir » avant de commettre un acte qu'ils regrettent. Tous les cavaliers ne savent pas maîtriser un cheval nerveux ou colérique...

Nous allons, dans les paragraphes qui suivent, donner deux exemples où ce phénomène de substitution est pris à défaut. Le premier concerne une situation physiologique et le second un état pathologique. Comme exemple physiologique, nous décrirons l'attente amoureuse. Pour la pathologie, nous verrons les obsessions et les phobies d'impulsion. Enfin, nous terminerons ce chapitre en proposant l'idée que ce mécanisme est aussi renforcé par les différentes psychothérapies.

## LES FIGURES AMOUREUSES DE ROLAND BARTHES

Comment peut-on embrasser un téléphone portable ? C'est comme si je l'avais embrassée elle. Quand j'entends sa voix, il faut que je bouge. Ce soir, je lui dirai – non je ne le lui dirai pas, c'est idiot. Sa voix m'envahit et, comme un trop-plein d'émotions, me donne envie de bouger. Je devrais la prendre en photo quand elle parle. Je lui dirai pourquoi – non ! elle va trouver ça ridicule. Tiens ! je vais mettre mon appareil photo devant la porte pour ne pas l'oublier. Je ferai un portrait, un profil – non ! de face c'est mieux. En pensant à elle, je tape du pied. Je vais lui dire – non ! elle va trouver ça débile. Je voudrais écouter de la musique pour tuer le temps, mais quoi ? du Mozart – non ! c'est trop riche – quelque chose qui me porte avec elle, qui me calme, sans réveiller mon impatience. Je veux la voir. Il y a encore deux heures à attendre.

Je l'ai vue. C'était bien. On a ri, un peu gênés. Elle est repartie. Je vais l'appeler sur la route – non ! pas maintenant. Je vais lui envoyer une lettre – non ! je ne saurai pas quoi lui écrire...

« On peut appeler ces bris de discours des figures. Le mot ne doit pas s'entendre au sens rhétorique, mais plutôt au sens gymnastique ou *chorégraphique*... c'est d'une façon bien plus vivante, le geste du corps saisi en action, et non pas contemplé au repos : le corps des athlètes, des orateurs, des statues : ce qu'il est possible d'immobiliser du corps tendu. Ainsi de l'amoureux en proie à ses figures : il se démène dans un sport un peu fou, il se dépense, comme l'athlète ; il phrase, comme l'orateur... La figure, c'est *l'amoureux au travail.* »

Roland Barthes décrit remarquablement les vibrations des mouvements de l'attente amoureuse. Comment l'état amoureux ne peut se réduire à une simulation forcément frustrante. Comment le sujet est envahi de pulsions qu'il ne peut contrôler. Alors survient un emballement des boucles du doute ; la pensée est assaillie de répétitions, d'allers-retours, à la manière du cavalier qui ne peut contrôler les ruades de son cheval, à la limite de le faire chuter.

## L'OBSESSIONNEL NE PEUT PAS SIMULER

Une autre illustration, cette fois en pathologie, concerne le trouble obsessionnel-compulsif (TOC). Associant, dans des proportions variables, des idées obsédantes et des rituels compulsifs comme le lavage, la vérification, cette pathologie peut être l'une des plus invalidantes des affections psychiatriques.

Pierre Pichot, dans les années 1960, avait le premier fait un rapprochement entre les obsessions chez l'homme et une pathologie du chien décrite par les vétérinaires. Ces derniers avaient remarqué, chez certains chiens en état de deuil ou d'abandon, l'apparition de compulsions de grattage jusqu'au sang. Ces activités compulsives guérissaient avec la prise d'Anafranil, l'un des premiers antidépresseurs majeurs chez l'homme !

À la même époque, André Guérard des Lauriers commençait à traiter les patients atteints de ce qu'on appelait alors une « névrose obsessionnelle » avec la même molécule.

Vingt ans plus tard, les travaux de Judith Rappaport, puis ceux de Lewis R. Baxter, ont abouti à un modèle physiopathologique intégrant ces différentes observations. Les symptômes obsessionnels libéreraient des comportements archaïques, phylogénétiquement inscrits, tels que le toilettage, la vérification, et aussi la nidification et l'amassement. Ces comportements archaïques répétitifs, normalement réprimés, seraient libérés et deviendraient incontrôlables. Le mécanisme physiopathologique consisterait en un dysfonctionnement d'une boucle striatum-thalamus-cortex frontal.

### QUAND LA PEUR DE FAIRE PROTÈGE DU FAIRE

Les phobies d'impulsion consistent dans la peur de commettre, contre sa volonté, un acte agressif, immoral ou sacrilège (comme dire un mot obscène dans un lieu de culte), voire auto- ou hétérocriminel (comme la peur de sauter par la fenêtre, ou de se crever les yeux, ou de prendre un couteau pour poignarder une personne présente). Les psychiatres considèrent que ces symptômes en général ne conduisent pas au passage à l'acte.

Ces phobies d'impulsions sont répertoriées comme une variante psychique des obsessions. La fonction régulatrice de la simulation nous autorise à proposer l'hypothèse inverse. La phobie d'impulsion traduirait une simulation de l'action pour reprendre la maîtrise descendante (*top-down*), par la pensée, des boucles fronto-sous-corticales qui s'emballent. Alors, la pensée déviante ne serait plus la source du comportement, mais au contraire une tentative de maîtriser un dérèglement du comportement. Craindre de se gratter les fesses en public (donc le simuler) est probablement le meilleur moyen de ne pas le faire. Le sens commun recule. La pensée *folle* n'est pas à l'origine du comportement, elle est une adaptation pour éviter le passage à l'acte.

## *Un mécanisme commun aux psychothérapies ?*

Cette capacité de substituer des activités de simulation à des actions effectives, cette façon de réintroduire une suprématie des processus descendants (*top-down*), c'est-à-dire du cavalier, pourrait représenter un effet commun aux différentes psychothérapies.

Les thérapies cognitivo-comportementales (TCC) ont souvent recours à l'imagerie mentale pour mettre les sujets en situation. Ainsi pour les TOC, outre la désensibilisation progressive par l'exposition *in vivo*, les thérapeutes cognitivistes utilisent l'exposition imaginaire aux stimuli anxiogènes, c'est-à-dire des exercices de simulation perceptive et motrice. Pour le désensibiliser, on demande à l'obsessionnel de s'imaginer s'approchant d'une saleté ou d'un tissu rempli de taches qui le révulsent habituellement. On lui apprend ensuite à contrôler sa peur et son niveau d'anxiété. La technique du *flooding*, qui consiste en une exposition idéative ultra-répétitive hors du contexte anxiogène, vise à immerger complètement le sujet dans la pensée effrayante. Jusqu'à ce qu'il puisse s'y habituer et constater l'absence des catastrophes anticipées. On vise un effet de « saturation », d'usure de l'obsession. Dans cette technique également, il s'agit d'une forme de simulation de l'action, de reprise de contrôle par la simulation.

Lorsqu'on demande au timide d'imaginer une scène d'altercation avec son patron, le même processus est à l'œuvre. Lui dire : « Confrontez-vous en imagination au moment où vous affrontez sa colère », c'est formellement un exercice de simulation émotionnelle et sociale. S'entraîner à simuler la perception émotionnelle de la situation, c'est aussi une façon d'apprendre à penser la peur au lieu de la déclencher.

Selon la théorie des TCC, qui sous-tend la méthode, la simulation est juste un moyen commode d'amener le sujet à s'*imaginer* exposé au danger. On peut faire l'hypothèse que ces simulations ne servent pas seulement à jouer la scène d'exposition, mais à développer l'aptitude à la simulation en général par l'apprentissage, et donc au contrôle émotionnel des situations aversives futures.

On pourrait dire la même chose de la plupart des psychothérapies, non seulement cognitives, mais aussi psychodynamiques. Ainsi, le fameux paradigme psychanalytique du transfert, selon lequel le patient revit avec l'analyste des configurations de relations parentales de l'enfance est un véritable exercice de simulation.

À sa dernière séance avant les vacances, un patient arrive intrigué du fait qu'il a oublié son argent. L'analyste a souvent entendu ce patient évoquer les déceptions attristées des moments de l'enfance, où son père partait une ou deux semaines en voyage pour son travail. Le psychanalyste dit au patient : « Vous avez oublié de prendre de quoi me payer parce que vous m'en voulez. Vous m'en voulez de partir en vacances comme vous en vouliez à votre père de partir en voyage. » L'interprétation comporte plusieurs facettes.

La première, classiquement invoquée dans la théorie, est un rapprochement, une analogie entre les deux situations : celle de l'enfance et l'actuelle, revécue avec le thérapeute auquel le patient est invité à attribuer le rôle du père. C'est le transfert. Il s'agit d'un exercice de simulation qui vise à informer le sujet du poids de la contrainte autobiographique rejouée encore aujourd'hui dans la relation transférentielle avec l'analyste. Selon la théorie freudienne stricte, l'interprétation a levé le fantasme inconscient, quelque chose comme punir le père de son départ. L'effet attendu, à travers la mise au jour du conflit inconscient (l'attachement *versus* la colère consécutive à l'abandon, et le désir de vengeance), est de dégager le sujet de son histoire. Après, il continuera sa route plus sereinement, armé d'une connaissance supplémentaire de lui-même. Il sera susceptible de comprendre l'effet émotionnel de nouvelles situations de séparation qui continuent d'activer la scène archaïque des départs du père.

Mais, dans ce cas, l'interprétation comporte aussi un exercice plus général de simulation. Concernant la spécificité de l'événement interprété, on apprend au patient à relier différemment, à relire dorénavant ses éprouvés lors de nouvelles situations d'abandon, à les *simuler* comme étant tous équivalents les uns aux autres. On définit un modèle prototypique de séparation, simulable. Dire que l'acte manqué (l'oubli de l'argent du paiement) prend du sens, c'est en même temps convenir qu'on donne au patient les moyens de refaire l'histoire, de simuler des histoires, nous le reverrons au chapitre 9.

## DU SOUVENIR À LA SIMULATION

Au-delà de cet épisode précis, les interprétations répétées du transfert tout au long de la cure psychanalytique peuvent être décrites comme les briques d'un apprentissage plus général de la simulation. Ce second versant me paraît, sur le long terme du traitement, au moins aussi important que la simple suite linéaire d'interprétations du contenu spécifique de chacune des scènes. C'est comme un jeu de rôles, mais au niveau psychique. Comme apprendre au sujet une nouvelle manière, plus souple et plus flexible, de marcher en refaisant les petites routes de son enfance. C'est lui proposer d'apprendre à retraiter l'épisode au niveau « subpersonnel » comme dirait Dan Sperber.

La répétition de la procédure permettrait ainsi de généraliser l'apprentissage, de le rendre *transférable* à de nouvelles situations aversives inédites. Une façon d'*instrumentaliser son histoire singulière*. Le traumatisme du passé ne serait plus seulement une trace susceptible de s'exprimer à chaque instant, mais un moyen technique, un *prétexte* de la simulation. Comme un amorçage mnésique, pour retrouver dans la boîte à outils des stratégies de réponse, le plus adéquat pour traiter les événements nouveaux.

C'est probablement la perception de cet effet à long terme, cette acquisition d'une nouvelle compétence de l'esprit, qui fait que souvent les analystes, le jour de la fin de cure, à la dernière séance, disent à leur patient quelque chose comme : « Maintenant, vous allez continuer le travail tout seul. »

## RESTITUER OU DÉVELOPPER UN FRUIT DE L'ÉVOLUTION

On pourra m'opposer une simplification excessive de la description des deux techniques, cognitive et psychanalytique. Il s'agit de traitements complexes, nécessitant une formation souvent longue. Comme toujours, la relation avec le thérapeute, son mode d'être jouent bien sûr un rôle décisif.

Les thérapies cognitivo-comportementales, bien que revendiquant un pragmatisme didactique, ne se réduisent pas à la seule désensibilisation par exposition. Il y a plusieurs autres étapes dans le traitement, notamment la restructuration cognitive, la relaxation, etc.

La cure psychanalytique a des ambitions explicatives qui reposent sur plusieurs mécanismes thérapeutiques dépassant la seule analyse du transfert. L'interprétation des rêves, la magie du signifiant, le partage d'une longue intimité dans un cadre spatio-temporel régulier constituent une situation tout à fait particulière, nous le verrons.

Mon propos n'est pas de gommer les spécificités de chacune des techniques, ni de leurs références théoriques. Ce qui m'intéresse, c'est de souligner les points communs, qui révéleraient un des mécanismes clefs des psychothérapies en général. On peut faire l'hypothèse qu'avec des stratégies différentes, elles s'appuient toutes sur la plasticité cérébrale pour rétablir ou développer les capacités de glissement sur le premier axe de la magie, depuis l'action jusqu'à sa simulation. Et, ce faisant, elles augmentent l'amplitude du contrôle descendant (*top-down*) de la vie émotionnelle. En redonnant des moyens au cavalier, elles renforcent un mécanisme adaptatif naturel hérité de l'évolution, devenu décisif chez les humains.

CHAPITRE 5

# SIMULER SON PLAISIR : L'ENVIE

*Le plaisir étant éphémère et le désir durable, les hommes sont plus facilement guidés par le désir que par le plaisir.*

Gustave LE BON

« Nous ne partons en Corse que dans quinze jours. J'aimerais y être déjà, je m'imagine clapoter dans les criques. Tiens ! il faut que je pense à aller faire vérifier mon matériel de plongée. »

Nous venons de voir que le premier axe de la magie du cerveau consistait dans les glissements permanents entre les comportements réels et leurs simulations par l'imaginaire. Par exemple, anticiper un départ en vacances pour en jouir déjà. Comment le plaisir peut-il être simulé ?

Ce chapitre est consacré à cette fonction hédonique de la pensée : les bases neurales du plaisir psychique. Comment peut-il se substituer à un plaisir dans le réel ? Comment les expériences de satisfaction primaire ont-elles pu devenir, suivant le chemin de l'évolution, les prémices de la représentation du plaisir ? Comment le désir physique a pu donner lieu à sa simulation, base de l'activité fantasmatique ?

L'imaginaire est le privilège du cavalier : il peut s'évader, aller partout, très vite, sans que le cheval soit obligé de l'y conduire vraiment. Si on n'a pas, on peut imaginer qu'on a. Ici intervient le point de vue économique, qui inspirera l'ensemble du chapitre. Le gain de l'évolution est d'avoir donné à l'homme des moyens de se procurer du plaisir à moindre prix qu'à partir des seuls éléments de la réalité. Nous avons pu voir au chapitre précédent que l'organisation de base du système de simulation reposait sur une identité, une isochronie entre les actions exécutées ou perçues et leur simulation. À l'origine, il me faut le même temps pour lever le bras et pour imaginer que je le lève. Ce fut la découverte de Killy. Pour que l'imaginaire se libère de cette contrainte, pour que, dans le temps d'une phrase, je puisse penser que je dévale la piste noire de Val-d'Isère, il faut que mon esprit resserre le temps. À la manière d'un ordinateur qui comprime des données pour les expédier. C'est cela le principe économique de l'imaginaire : le penser coûte moins de temps, moins d'énergie que le faire. Et c'est peut-être la première raison darwinienne des plaisirs de la pensée : on s'économise pour conserver plus de moyens pour la survie.

Nous allons voir cette fonction à l'œuvre, mais aussi ses dysfonctionnements chez les personnalités anhédoniques.

## *Penser les petits plaisirs*

C'est l'automne. Depuis le changement d'heure, il fait encore presque nuit lorsque mon réveil sonne. L'été est fini, plus de jours chauds et clairs, il fait gris ce matin, pas de quoi frétiller... J'enclenche le programme habituel du lever : la cafetière, la radio... Le téléphone sonne. C'est mon ami Pierre. Il arrive de Bordeaux, il propose de venir dîner ce soir. Nous convenons de nous retrouver à 21 heures à la maison. Je m'anime : dès maintenant, je suis infiltré du plaisir de la scène du soir. Anticipée, elle est déjà un peu instruite physiquement : *je simule mon plaisir*, je l'éprouve même déjà vaguement. Si, à cet instant, on mesurait mes paramètres émotionnels dits « périphériques », on pourrait déceler les stigmates de cette activation : légère augmentation du pouls ou de sa variabilité, élévation de la réactivité électrodermale. Cette dernière, qui consiste dans la mesure de l'impédance cutanée, est considérée comme un reflet de l'activation émotionnelle périphérique. Une sorte de tensiomètre de l'éveil émotionnel.

Ces mécanismes physiologiques qui sous-tendent cet état particulier ne sont pas toujours complètement perçus ni conscients. Cependant, si l'on m'interrogeait à ce moment-là, sans pouvoir inventorier quels changements physiques se sont produits, je saurais exprimer une sensation globale : « Je me sens bien, je suis content. »

La vie quotidienne est faite de ces petits plaisirs, de ces gratifications imprévues. Nous ne sommes pas tous les jours sur une plage des Caraïbes avec un partenaire de rêve ou en haut d'une piste de neige fraîche à dévaler... Nous avons appris à saisir ces opportunités discrètes pour nous motiver et nous renforcer. Ce sont ces moments que l'écrivain Philippe Delerm a voulu célébrer. Dans son livre *La Première Gorgée de bière et autres plaisirs minuscules*, il montre bien comment des sensations simples peuvent avoir valeur de renforcement « [...] l'été, quelque part en Aquitaine. C'est le creux du mois d'août... Même la lumière semble dormir sur les tomates : juste un point de brillance sur chaque fruit rouge. La dernière pluie les a maculés d'un peu de terre. C'est bon, l'idée de les passer sous l'eau fraîche, et de goûter leur chair encore attiédie. »

Au-delà de la dimension littéraire, il y a lieu de remarquer la mise en avant de la représentation d'accès sensuels simples au plaisir, le caractère *pédagogique* de ces descriptions. Plus qu'une simple invitation au plaisir, c'est une incitation à se le représenter, dans sa composante sensorielle, de retrouver la force des sens. Le succès du livre de Delerm tient peut-être aussi à la redécouverte du plaisir de penser les sensations dans leur simplicité. Comme si nos esprits, surentraînés à réfléchir, à symboliser, à associer, à métaphoriser, avaient pu oublier les sens. « Il n'y a pas de plaisir plus complexe que celui de la pensée », disait Jorge Luis Borges. Dans une époque d'afflux d'informations, où le travail mental est de plus en plus sollicité, les hommes ont peut-être besoin parfois de se rappeler que le compliqué n'est pas le passage obligé pour accéder au plaisir. Dans une promenade sereine au milieu d'un bois, le cavalier n'a pas forcément besoin de parler à son cheval pour qu'ensemble ils prennent du plaisir. Offrir à l'esprit les moyens de réinscrire le plaisir de l'imaginaire, dans la simplicité des sens, de le revitaliser ! Laisser quelque temps de côté l'harassante obligation du verbe !

## LE PLAISIR VOILÉ

Ces petits plaisirs et leur représentation, c'est précisément ce dont les anhédoniques sont incapables. Ce sont des sujets sains qui ont un trait de personnalité particulier, décrit par le psychopathologiste Théodule Ribot il y a un siècle. Ce trait consiste en une faible capacité à éprouver du plaisir.

Revenons à la scène précédente de la visite de Pierre ; si j'étais en anhédonie, je n'aurais pas eu ce petit frémissement à l'annonce de cette rencontre. Interrogé sur l'événement, je le décrirais de manière factuelle, sans lui associer la moindre connotation émotionnelle : quelque chose comme : « Pierre vient dîner ce soir, il viendra à 21 heures. » Si l'on insistait sur mon éprouvé à cette nouvelle, je répondrais probablement quelque chose comme : « Oui c'est une bonne idée... non je n'ai pas de plaisir particulier... »

Quand Ribot a décrit le phénomène d'altération de la capacité à éprouver du plaisir, associé à une sensibilité préservée à la douleur, il l'opposait à la notion d'analgésie. À cette époque, ils étaient plusieurs pathologistes, français et allemands pour la plupart, à s'intéresser à cette façon très particulière de ne pas éprouver, sorte de neutralisation des sensations.

Au plan de l'histoire des idées, le moment où Ribot a lancé le concept d'anhédonie n'était pas fortuit. Le demi-siècle précédent avait laissé en héritage le culte de la vibration émotionnelle. Les romantiques français avaient promu l'éprouvé comme liqueur garante de la vie intérieure. Peu de temps après, Freud allait insister sur le rôle du plaisir psychique, en évoquant « la séduction exercée par l'offre d'une prime de plaisir », nous allons le voir.

## UN TRAIT DE VULNÉRABILITÉ

L'anhédonie peut s'observer également dans des pathologies comme la dépression ou la schizophrénie, nous le reverrons. Mais, présente comme un simple trait de personnalité chez des sujets sains, elle constitue un facteur de vulnérabilité.

Les travaux sur la personnalité ont cherché à déterminer les caractéristiques des individus, dans l'objectif d'identifier des indices de susceptibilité aux pathologies psychiatriques. Dans la seconde moitié du XIX^e siècle, les conceptions darwiniennes de la sélection naturelle ont commencé d'attirer l'attention sur les différences individuelles qui caractérisent les membres d'une même espèce. Cette orientation *différentielle* de la psychologie mettait l'accent sur les relations entre les expériences de la prime enfance et les traits de caractère de l'individu adulte. Cette tendance à cibler des styles de personnalités avait avant tout pour objectif de prédire les capacités d'adaptation futures de l'individu. Concernant le trait « anhédonie », il est bien établi qu'il représente un facteur de risque pour diverses pathologies. Le fait d'avoir des difficultés à se représenter le plaisir, à l'imaginer, à en parler, augmente le risque de survenue ultérieure d'addictions, de dépressions et de schizophrénie.

## *Un rôle darwinien*

Réciproquement, certains chercheurs ont avancé que la capacité à éprouver les émotions positives jouait un rôle dans l'évolution. Elles augmenteraient les capacités d'imagination et de résistance face aux événements traumatisants (disette, mort, froid, maladies...) de sorte que les individus seraient sélectionnés pour leur aptitude au bonheur. Le contexte plaisant faciliterait l'action dans les situations difficiles par le biais d'une diminution de l'impact du stress sur l'organisme.

Cette hypothèse a été proposée par Michele M. Tugade et Barbara L. Fredrickson à partir d'études mesurant le rythme cardiaque et la pression sanguine dans des situations de stress induit. Les sujets sont soumis à un stress consistant en la préparation du texte d'une allocution en une minute. Ensuite, on les expose à des films de différentes valences émotionnelles qui induisent des états émotionnels positifs, neutres ou négatifs. Les individus ayant bénéficié d'une induction d'humeur positive retrouvent des paramètres physiologiques de repos vingt secondes plus rapidement que les sujets exposés à des films neutres, ou tristes. Les auteurs en concluent que les sentiments positifs ont un effet réparateur sur l'organisme, *via* une diminution de l'influence du stress, et pourraient être l'un des outils de la résilience.

## DU BESOIN AU PLAISIR : LE SYSTÈME DE RÉCOMPENSE

Les premières activités essentielles à la survie de l'individu – se nourrir, boire, et se reproduire – sont à l'origine des circuits de la récompense. Quand la satisfaction d'un besoin vital est devenue une source de plaisir, la magie du cerveau a commencé. Ces satisfactions primaires se sont constituées au sein des parties les plus anciennes du cerveau, dans les systèmes opioïdes du tronc cérébral. La récompense existe déjà chez le lézard. Plus tard, sur le chemin de l'évolution, les systèmes opioïdes se développeront vers le haut jusqu'au cortex au fur et à mesure de sa croissance. Mais le plaisir primaire part de très loin.

Ce sont les besoins les plus élémentaires et leur satisfaction qui forgent les premières représentations du plaisir. Le fait de pouvoir satisfaire un besoin instinctuel a généré le désir, devenu pensable grâce à l'intelligence : « Un nourrisson qui n'a pas de frustration ne peut pas se représenter le désir, ne peut pas développer son intelligence », avait dit un psy à une jeune mère. Anxieuse pour son premier bébé, elle craignait projectivement de ne pas lui donner assez de temps lorsqu'elle le confiait deux heures à la baby-sitter pour aller faire les courses.

Cela fait penser à ce que Freud disait à propos de la sexualité infantile comme élément fondateur de l'appareil psychique. On a pu s'en offusquer à l'époque. Le fait de réduire la crudité instinctuelle d'un nouveau-né à celle d'un animal pouvait avoir valeur de provocation. Mais le nouveau-né qui vient au monde, nous l'avons vu, n'est encore au plan cérébral que l'équivalent d'un lézard. Le développement de son cerveau, particulièrement celui de son cortex, est à peine commencé. Il y aurait erreur, par excès anthropomorphique, à considérer le bébé comme un homme. Nous pensons les choses avec notre cerveau d'adulte ; c'est très difficile de se représenter ce qui se passe dans la tête d'un lézard assoiffé qui plonge la gueule dans l'eau.

Le potentiel évolutif du nouveau-né est considérable, unique dans l'histoire du vivant. C'est peut-être ce qui nous fascine et nous attendrit en même temps. Ce petit être sommaire, fragile, vorace, presque encore vierge de toute relation au monde, a déjà en lui, en devenir, toutes les compétences humaines ; il est minuscule et il est déjà nous.

Le promoteur de ce développement considérable est la satisfaction élémentaire : c'est la sensation physique qui est à la base des futurs sentiments. De la manière dont s'encoderont ces expériences dépendront la qualité des sentiments de l'individu, sa capacité à aimer la vie. La cohérence des expériences primaires de satisfaction, leur caractère univoque (boire un biberon au calme et sans stress) formeront la charpente des futures représentations du plaisir adulte.

Les racines biologiques de cette charpente résident dans le système de récompenses découvert il y a une cinquantaine d'année par James Ods et Peter Milner à l'Université McGill de Montréal. C'était l'époque des débuts de la neurobiologie du comportement, quand on n'était pas encore complètement convaincu qu'une simple expérience chez un rongeur pourrait nous éclairer sur les mystères de l'esprit humain. Ce système de récompense étant hérité de l'évolution, il part de structures profondes et anciennes, c'est-à-dire du cerveau reptilien de MacLean. Il va de la formation réticulée (l'aire de la vigilance) pour rejoindre l'aire tegmentale ventrale (ATV) puis le nucleus accumbens, l'hypothalamus, le septum, l'amygdale et le cortex préfrontal. Des voies descendantes rejoignent les structures profondes pour former une boucle.

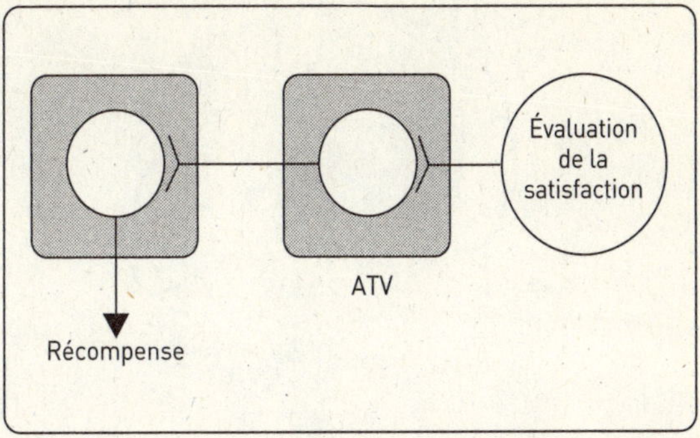


Figure 5.1

La stimulation de cette boucle peut induire un conditionnement d'autostimulation : lorsqu'une électrode est implantée dans l'une de ces structures, si ses impulsions électriques peuvent être déclenchées en appuyant sur un levier, l'animal s'autostimule compulsivement. Il devient appétitif à ces stimulations. Parfois il en abuse, au point de négliger la nourriture ou les boissons. C'est assez spectaculaire d'observer ces petits animaux devenir obsédés, « accros » de l'autodéclenchement d'une sensation agréable. On retrouve le même dérapage addictif que chez les humains : trouver à l'extérieur de soi l'élixir du renforcement sans limites (la prise d'une substance ou de risques dans des sports dangereux ou sur la route).

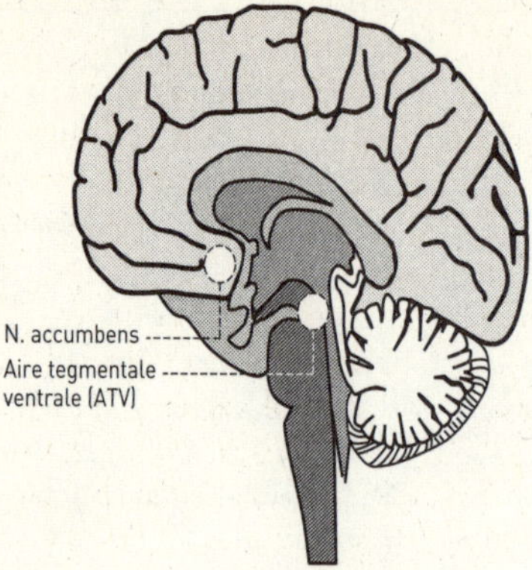


Figure 5.2

Ce schéma montre que l'aire tegmentale ventrale (ATV) est située très en profondeur dans le mésencéphale, donc dans des zones très anciennes du cerveau. L'ATV contient les neurones dopaminergiques (aire A10) qui innervent le système limbique et le cortex préfrontal.

Le nucleus accumbens ou striatum ventral, situé dans la région septale, sert d'interface entre le système limbique et le système moteur. Ses projections sur le cortex permettent de mettre en relation les signaux émotionnels et la préparation des réponses motrices.

Le cortex cingulaire antérieur compte de nombreuses subdivisions, dont un grand nombre semblent impliquées dans différents aspects du traitement social ou affectif. Il est aussi activé lors d'expériences agréables, comme une caresse.

L'insula compte plusieurs parties, dont certaines sont concernées par les sensations viscérales, notamment les émotions. À titre d'exemple, une étude récente a mis en évidence une voie de toucher limbique qui court-circuite les cortex somato-sensitifs et active directement l'insula interne, déclenchant des sensations tactiles agréables ; cette voie régule « les réponses émotionnelles, hormonales et affiliatives au contact de peau à peau, de type caresse, entre les individus ». Cela permet à certaines sensations d'être directement déclenchées par des stimulations élémentaires tactiles traduisant une intimité[1]. Être caressé par quelqu'un qu'on aime procure immédiatement une sensation agréable parce que notre cerveau transmet directement l'information du toucher, sans faire le détour habituel qui consiste dans l'examen détaillé des caractères du stimulus, de la personne qui l'émet, etc. Cette boucle est plus facilement activée lorsque le système d'alerte est mis au repos dans des situations d'intimité. Nous le reverrons à propos de l'état amoureux.

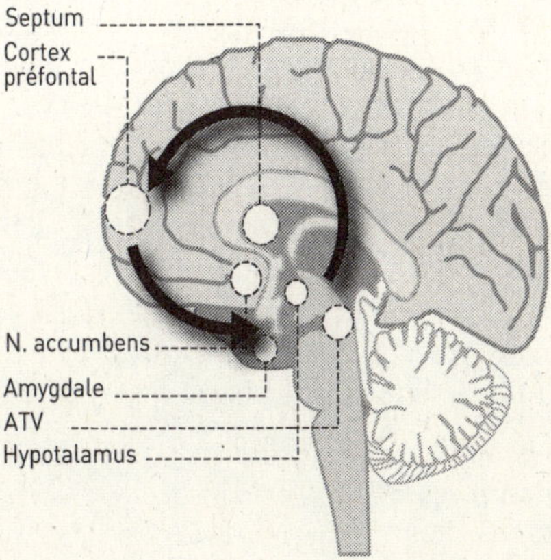


Figure 5.3

1. Olausson et coll. (2002).

## LES BOUCLES DU SYSTÈME DE RÉCOMPENSE

Quand j'ai soif, le bruit puis la vue d'une source (entrée sensorielle), après examen par l'amygdale de la viabilité du stimulus (pas de danger, eau claire, etc.), informent le cortex préfrontal qui programme la décision motrice d'aller boire à la source.

Ces structures du système de récompense sont activées par des sensations simples aussi bien que par des plaisirs plus évolués. Initialement activé par des sensations très primaires, comme la satiété et le sexe, le système de récompense sera l'objet d'une grande diversité de stimuli activateurs : le jeu fut inventé, puis les drogues qui activent les mêmes systèmes opioïdes et dopaminergiques.

Même les équivalents symboliques comme l'argent ou la notoriété continueront de voir leurs effets médiatisés par le même système de récompense. Dans un travail très récent, Keise Izuma et ses collaborateurs ont étudié en imagerie par résonance magnétique (IRMf) des sujets soumis à un jeu qui se traduisait soit par des gains en argent, soit par des gains en réputation et en statut. Les circuits du striatum associés à la satisfaction ont été activés de la même manière quelle que soit la nature du gain. Ainsi, même pour l'argent ou le statut social, le plaisir provient de l'activation des réseaux limbiques sous-corticaux. Le plaisir du gain, la fierté sont dans le cheval...

## DU PLAISIR AU DÉSIR

« On dit que le désir naît de la volonté, c'est le contraire, c'est du désir que naît la volonté. Le désir est fils de l'organisation », disait Diderot. Les organismes vivants ont appris, avec la répétition des expériences de satisfaction, à les reconnaître (on dit « à les représenter »), et donc à les anticiper et les programmer. Ces premières satisfactions, en devenant l'objet d'une anticipation, peuvent être souhaitées, désirées, elles deviennent donc *imaginables*.

Le plaisir, issu de l'intégration des satisfactions primaires au sein des parties les plus anciennes du cerveau, dans les systèmes opioïdes du tronc cérébral, a suivi le développement de la pensée. Le désir en est la conséquence mentale évolutive, il s'est développé chez les vertébrés autour du dédoublement du système dopaminergique. C'est ce système neuro-modulateur qui part de l'aire tegmentale ventrale.

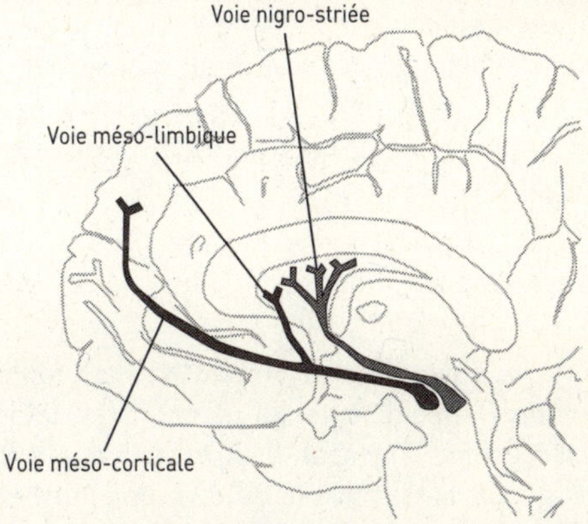


Figure 5.4

Quand Anne-Marie Thierry et Jacques Glowinski découvrent le deuxième faisceau dopaminergique méso-cortico-limbique, ils donnent à la dopamine ses titres de noblesse psychique. Le premier faisceau était moteur. Centré sur le striatum, son rôle était et demeure l'initiation et l'harmonisation des mouvements finalisés. Le second faisceau projette vers le cortex et le système limbique. Sur le chemin de l'évolution, le développement du second faisceau dopaminergique, méso-cortical, chez les vertébrés coïncide avec le développement du cortex frontal et donc l'acquisition des compétences planificatrices et anticipatoires. La dopamine, neurotransmetteur initialement associé aux comportements moteurs de satisfaction, est ainsi devenue progressivement en charge des comportements de découverte, de curiosité à l'égard de l'environnement, de désir.

Ce poids de la phylogenèse est tel que c'est la même dopamine qui est impliquée chez l'anguille dans la maturation sexuelle. Les jeunes anguilles claires vivent en rivière d'eau douce avant de migrer au fond des océans, où elles prennent une couleur gris métallique et deviennent fécondables. Il semble que cette métamorphose soit sous la dépendance de l'expression génique des systèmes dopaminergiques, expression qui serait déclenchée par l'atmosphère hyperbare du fond des océans !

## LE DÉSIR S'AUTONOMISE

Ces racines lointaines ne doivent pas faire oublier que, chez l'homme, et même chez les mammifères, le désir s'est autonomisé comme une entité distincte du plaisir. Nous avons insisté sur la découverte du deuxième faisceau dopaminergique, méso-cortico-limbique, seulement pour montrer que l'évolution avait permis d'accéder à la *représentation* du plaisir. On se place alors dans la continuité, dans la suite, du modèle de Kent C. Berridge qui sépare, chez les rongeurs, le plaisir et le désir en deux entités physiologiques déjà différentes. Il montre en même temps que cette distinction est déjà inscrite dans les structures sous-corticales. L'intérêt de ces travaux concerne surtout les addictions, pour souligner auprès des spécialistes que les phénomènes de sensibilisation aux drogues doivent être étudiés séparément pour ce qui concerne les désirs (« *wanting* ») et le plaisir (« *liking* »). Pour la psychologie de l'esprit, l'intérêt est encore une fois de montrer les racines anciennes de cette double composante. Et aussi l'intérêt de la simulation, qui permet à l'homme de mettre une étiquette sur sa sensation d'« être désirant ».

## NE PAS POUVOIR IMAGINER SON PLAISIR

Le système de récompense est conçu pour que le désir crée la motivation de sa réalisation. En découlent les projets, les souvenirs, les rapprochements entre situations, les constructions imaginaires, souvent sources de profondes satisfactions.

C'est la simulation du plaisir elle-même qui est altérée chez les sujets sains présentant une anhédonie. Ce trait de personnalité est d'ailleurs repéré à partir de questionnaires qui explorent la capacité à éprouver du plaisir dans un nombre de situations variées. Ces questionnaires, d'origine anglo-saxonne pour la plupart, comportent une soixantaine de questions évoquant différentes situations agréables. Par exemple : « Vous gagnez cinq cent mille dollars, est-ce que cela vous fait plaisir ? Pas du tout – un peu – moyennement – beaucoup. » Ou bien la même évaluation demandée à propos de : « Vous observez un coucher de soleil au bord d'une jolie plage... »

Mais nombre de sujets qui répondent qu'ils n'auraient pas de plaisir dans de telles situations, s'ils s'y trouvaient vraiment, éprouveraient évidemment une satisfaction. On retrouve la distinction entre le plaisir et sa simulation. On a avancé qu'en fait de nombreux sujets sains ayant ce trait d'anhédonie présentaient un déficit d'imagerie mentale : ne pouvant imaginer la situation du coucher de soleil au bord d'une mer bleue, ils ne seraient simplement pas capables de la simuler au plan perceptif et d'en inférer le plaisir correspondant. Mais ces sujets présentent aussi des difficultés au plan de l'énergie disponible pour le travail neuronal. Cela renvoie au problème général des aspects économiques du travail de la pensée, que nous allons voir maintenant.

## *L'économie psychique*

Nous avons déjà vu que ce livre se plaçait dans une perspective darwinienne, qui suppose que toutes nos actions ont une finalité adaptative. Cela s'applique aussi aux phénomènes de l'esprit. C'est à Freud qu'on doit la mise en valeur du point de vue économique dans le plaisir psychique. Cet intérêt pour une approche énergétique, physiologique, du jeu de la pensée est développé dans *Le Mot d'esprit* : « [...] cherchons si ce plaisir ne peut se ramener lui-même à une économie d'effort psychique. [...] Il nous est permis, en effet, de supposer que le travail psychique est, de ce fait, grandement facilité et que l'emploi sérieux des mots exige un certain effort pour renoncer à ce procédé si commode. »

### LE MOT D'ESPRIT

Prenant l'exemple des jeunes enfants qui nous font rire en mélangeant des mots de consonance proche, Freud souligne que « si nous sommes charmés incontestablement lorsqu'un même mot ou un mot phonétiquement voisin nous transporte d'un ordre d'idées à un autre ordre d'idées fort éloigné [...], on peut à bon droit ramener notre plaisir à l'économie d'un effort psychique ». La racine du plaisir de la polysémie, du jeu avec les mots, est de nous dispenser de faire attention : « Il convient du reste de noter que, dans ce cas, l'esprit use d'un moyen de liaison que rejette et évite avec soin le raisonnement sérieux. »

Freud, près d'un demi-siècle avant la psychologie expérimentale, avait eu l'intuition du gain darwinien que représente l'économie d'attention. À l'inverse du cheval qui doit toujours conserver le sérieux garant de sécurité, le cavalier peut prendre des risques avec la pensée. Le plaisir du jeu vient de là : faire des paris, prendre de légers risques par rapport à la surveillance fatigante du consciencieux.

### LA SCRUPULOSITÉ ANHÉDONIQUE : UN GASPILLAGE D'ÉNERGIE NEURONALE

Les travaux consacrés à l'étude des sujets anhédoniques ont d'abord exploré le traitement de l'information émotionnelle. Ils ont montré chez ces sujets des anomalies électrophysiologiques du traitement de l'information à valence émotionnelle. Ils ne distinguent pas le traitement des stimuli à caractère neutre et des stimuli plaisants. Les résultats actuels suggèrent que ces dysfonctionnements du traitement de l'information émotionnelle renverraient à des altérations des ressources attentionnelles. Ensuite ? l'utilisation de doubles tâches a montré de façon plus directe des déficits dans l'utilisation des ressources attentionnelles. Les difficultés de ces sujets se manifestent, par exemple, lorsqu'il s'agit de diviser l'attention entre plusieurs sources d'information et de maintenir un effort attentionnel conscient.

Dans notre laboratoire, nous avons mené avec Stéphanie Dubal une série d'expériences qui vont dans le sens de cette interprétation énergétique. Rappelons que tous ces travaux, comme les précédents, sont réalisés chez des sujets sains, ici des étudiants, sélectionnés à partir de questionnaires mettant en évidence un faible score de capacité à prendre du plaisir par rapport à la moyenne de la population générale.

La première étude portait sur l'attention sélective : les sujets devaient détecter la présence d'une lettre (ici un H) au sein d'un ensemble de lettres qui pouvaient parfois causer une interférence cognitive.

Principe de base : appuyer sur un bouton seulement quand la lettre centrale (soulignée) est un H.

Tâche simple

| | |
|---|---|
| N N N N N N N N N | H H H H H H H H H |
| Ici, il faut répondre N | Ici, il faut répondre H |

Tâche avec interférence

| | |
|---|---|
| H H H H N H H H H | N N N N H N N N N |
| Ici, il faut répondre N | Ici, il faut répondre H |

Figure 5.5

Dans cette tâche, les sujets anhédoniques sains présentent un profil de réponse caractéristique : des temps de réponse globalement plus longs que les sujets contrôles quelle que soit la condition. Surtout, le nombre d'erreurs est moins important dans la condition d'interférence que chez les sujets contrôles. Plutôt qu'un déficit d'attention, cette configuration de résultats reflète le déploiement, par les sujets anhédoniques, d'une stratégie de réponse plus conservative, et moins flexible. Autrement dit, les anhédoniques sont plus scrupuleux, plus attentifs et commettent moins d'erreurs, au prix d'un travail cérébral plus long.

Tout se passe comme s'ils prenaient tout au sérieux, au risque d'être plus lents et de dépenser plus d'énergie.

Par rapport à eux, les sujets contrôles ont une prise de risque plus importante, acceptant de faire quelques erreurs. Cette prise de risque, cette *légèreté* sont une nécessité pour l'aptitude au plaisir et à l'imaginaire : le jeu avec le temps, avec les distances, implique que le cerveau quitte quelques instants sa rationalité et son sérieux. On ne peut simuler qu'on est déjà dans l'eau chaude de la crique méditerranéenne que si l'on est capable de ne pas être sérieux quelques instants. C'est ce que ne peuvent pas faire les personnalités anhédoniques.

Dans une seconde expérience, nous avons étudié, lors d'une tâche assez proche, l'évolution des performances dans le temps. La manipulation était réalisée pendant des blocs de cinq minutes chacun, entrecoupée de pauses de deux minutes pour éliminer la fatigue. La figure montre en ordonnée le temps de réaction moyen toutes les minutes pour chaque bloc de cinq minutes. Deux faits sont à remarquer. D'abord, un temps plus long chez les anhédoniques. Surtout une décroissance des performances minute par minute. Les deux minutes de repos entre chaque phase d'expérience permettent un retour à la performance initiale, mais celle-ci décroît à nouveau pendant le nouveau bloc de cinq minutes. Encore une fois, il s'agit de sujets normaux, étudiants en médecine, de moins de 25 ans.

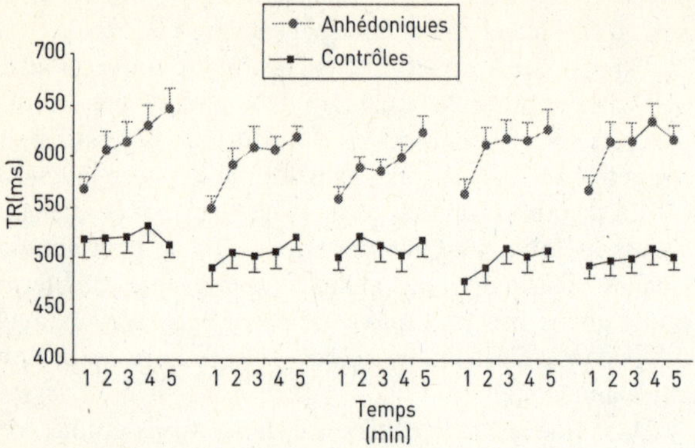


Figure 5.6

Si l'on rapproche ce résultat du précédent, on peut mettre en relation ce déficit de soutien de l'attention avec un travail neuronal supérieur permettant moins d'erreurs que les sujets contrôles. Cette scrupulosité aurait un coût qui expliquerait la fatigabilité attentionnelle anormale. On trouve ainsi une relation entre un trait émotionnel de la personnalité et une caractéristique cognitive, un trait « computationnel ».

Affecter du plaisir et allouer de l'attention pourraient être deux facettes d'un même mécanisme. Ce résultat, qui peut paraître étonnant, est en même temps, si l'on y réfléchit, évident. Simuler le plaisir, se servir de son imaginaire, nécessite une flexibilité de l'esprit, un jeu avec les règles qui impliquent de ne pas être contraint par un excès de sérieux. En retour, un traitement exhaustif de toutes les informations comporte un coût énergétique important.

## FAIRE UN BON MOT : LE POUVOIR ÉCONOMIQUE DE LA PENSÉE

Le jeu de l'esprit nous fait plaisir aussi parce qu'il nous économise. On retrouve ici l'hypothèse darwinienne que Freud avait pu faire à propos du mot d'esprit : « S'il est démontré, à présent, que l'esprit tendancieux [...] procure du plaisir, on sera tout près d'admettre que le "plaisir" ainsi acquis correspond à une épargne de l'effort psychique. » La joie de faire un bon mot provient des origines de la motivation pour la survie. Faire un jeu de mots, c'est économiser de l'énergie pour plus tard, pour l'hiver. Cela nous conforte dans l'image que nous avons de nous comme pouvant nous renforcer, à peu de prix, avec des idées.

Dans le SMS « Henri goal » du chapitre précédent, on pourra retrouver le même principe économique. En deux mots écrits, la jeune patiente dit un grand nombre de choses. Sa proximité avec son ami par le rappel d'une complicité sur le contexte qu'il n'est pas nécessaire d'expliquer. Un rappel de la connivence, en même temps que de la soirée de la veille. La polysémie, même non consciente, augmente le nombre d'informations. Sous couvert de plaisanterie, elle trahit peut-être aussi sa honte inconsciente.

Plus généralement, la technique du SMS en elle-même est très économique. C'est un moyen commode de contourner les obstacles physiques du réel, les contraintes de l'ajustage temporel : on peut parler à l'autre même s'il n'est pas immédiatement disponible (on simule par avance une conversation imaginaire). On peut communiquer une attention. L'obligation de condenser le texte invite à l'économie. C'est un nouveau domaine de jeu avec la réalité conquis par l'homme sur le chemin de l'évolution. « L'argent gagné au jeu est deux fois plus précieux que l'argent gagné en travaillant », disait Martin Scorcese.

CHAPITRE 6

# L'ENVIE D'AVOIR ENVIE

*Un jour vient où vous manque une seule chose et ce n'est pas l'objet de votre désir, c'est le désir.*

Marcel JOUHANDEAU

Johnny Hallyday me pardonnera d'avoir emprunté à sa chanson cette formule si juste comme titre de ce chapitre qui concerne la dépression, un dysfonctionnement majeur du cerveau magicien. Nous venons de voir différents aspects du principe économique qui régit l'activité mentale. L'esprit, comme le corps, tend en permanence à rentabiliser son activité.

La dépression est de ce point de vue une spirale conduisant inéluctablement à la faillite de l'économie neuronale. La machine à plaisir psychique ne peut plus, ne veut plus fonctionner. La fabrique d'envie est cassée. Les mêmes dysfonctionnements que nous avons pu voir *a minima* chez les sujets sains anhédoniques sont décuplés chez les déprimés. L'imaginaire est gelé, le plaisir a cédé la place au déplaisir et à la douleur, l'envie a disparu.

La dépression est un exemple, en psychopathologie, de l'enrayement de la mécanique adaptative des individus.

Nos deux grands systèmes adaptatifs sont concernés. Tour à tour le système d'alerte s'emballe avant d'être dépassé, entraînant le système de récompense et d'envie dans sa chute.

Lorsque les épisodes se répètent, les dysfonctionnements de l'émotion et de la cognition finissent par s'enkyster. Ils modifient alors la personnalité et le style mental par l'ankylose des routines exécutives du cerveau magicien. Nous verrons que la prolongation de cette spirale dépressive peut même conduire à d'authentiques lésions neuronales.

## *La dépression : une pathologie adaptative*

La dépression n'a cessé d'être décrite depuis Hippocrate. Elle est maintenant beaucoup mieux reconnue, identifiée et acceptée comme une vraie maladie. Elle n'est plus seulement considérée comme un moment de méforme ou un état d'âme qui ne dépendrait que d'un manque de volonté du sujet. La psychologie du sens commun a longtemps fait considérer à tort ce véritable état pathologique comme un simple renoncement psychologique.

L'idée romantique que les sentiments, même douloureux, sont une richesse en même temps qu'une fragilité, n'est pas fausse[1]. Opposée au pragmatisme froid et rationnel, elle a pu apparaître comme source d'inspiration. Il est vrai que

1. L'ancienne psychose maniaco-dépressive est devenue le trouble bipolaire. C'est une pathologie caractérisée par l'alternance d'épisodes dépressifs et de l'inverse, c'est-à-dire des épisodes maniaques, au cours desquels l'énergie est décuplée, l'humeur excessivement gaie, la pensée accélérée. Il a été remarqué que beaucoup d'hommes publics et/ou créatifs souffraient ou avaient souffert d'un trouble bipolaire.

bien des artistes, créateurs, hommes d'État étaient d'authentiques maniaco-dépressifs bipolaires : Balzac, Churchill, Hemingway, parmi beaucoup d'autres. Mais nombre l'ont payé de leur vie. Ce n'est pas une spéculation de penser que si les traitements avaient pu exister à leur époque, Schumann ne se serait pas jeté dans le Rhin pour s'y noyer, et Nicolas de Staël ne se serait peut-être pas suicidé en se défenestrant de son atelier.

Le suicide est en effet le risque majeur de la dépression : en France, chaque année, on dénombre environ 160 000 tentatives de suicide, provoquant de 10 000 à 12 000 décès. C'est dire l'importance du dépistage précoce et du traitement des déprimés. Les médicaments antidépresseurs, parfois accusés de tous les maux, sauvent des vies humaines tous les jours.

Cette pathologie est très répandue, mais difficile à chiffrer précisément. On estime cependant que, au cours de leur vie, 10 à 20 % des sujets auront un véritable état dépressif : deux fois la fréquence du diabète, dix à vingt fois celle de la schizophrénie !

La dépression est aussi au moins un facteur aggravant de nombreuses pathologies somatiques, sinon la cause originelle. C'est démontré pour les pathologies cardiovasculaires : le pronostic vital dans l'infarctus du myocarde est significativement plus mauvais lorsqu'une dépression est associée. Ce phénomène est même soupçonné, mais pas prouvé, dans certains cancers : la dépression crée un ensemble de déséquilibres biologiques dont une forte diminution des facteurs de défense de l'organisme ; la psycho-immunologie moderne commence seulement. À titre d'exemple, parmi les globules blancs jouant un rôle important dans la défense contre les infections, les lymphocytes, notamment ceux de type T4, sont la cible du virus du sida. On a montré que les hommes sains au moment du veuvage avaient une diminution importante du nombre de lymphocytes T4.

## DES CAUSES MULTIPLES

Les causes des dépressions sont multiples et intriquées. D'évidence, en premier lieu, il y a les événements de la vie. La perte, le deuil d'un être cher provoquent souvent un état dépressif. Mais le poids de l'événement pour un individu n'a pas toujours une lisibilité claire pour les autres : un déménagement, une promotion, le départ d'un collègue peuvent constituer un traumatisme dont l'importance est illisible de l'extérieur. La réalité psychique n'est pas toujours évidente pour autrui.

Il y a les facteurs de vulnérabilité génétique, qui ont longtemps été l'objet de débats presque idéologiques. Leur existence est maintenant démontrée. La responsabilité des facteurs génétiques dans les maladies est très variable. Il y a des maladies, mendéliennes, qui sont totalement d'origine génétique. Et puis, et c'est le cas le plus fréquent, des maladies polyfactorielles, liées à l'intrication de plusieurs facteurs pathologiques dont des anomalies génétiques. C'est le cas des dépressions, où le poids du facteur génétique est très variable : comme pour toutes les maladies multifactorielles, l'impact des causes ne se produit pas en termes de tout ou rien. Prenons l'exemple de l'infarctus du myocarde. L'hypercholestérolémie est reconnue comme facteur augmentant le risque d'infarctus et de maladie coronarienne. Si la plupart des hypercholestérolémies dépendent de l'alimentation, il existe des formes familiales génétiques qui entraînent spontanément une élévation biologique anormale du cholestérol, qui peut bien sûr être de plus aggravée par l'alimentation. Mais le régime alimentaire ne suffit pas à normaliser le taux de cholestérol. Bien sûr, les formes familiales comportent beaucoup d'infarctus du myocarde. Mais, dans cet exemple, ce n'est pas l'infarctus qui est d'origine génétique, c'est l'hypercholestérolémie. Si le rôle du stress comme facteur déclenchant direct est avéré, on ne doit pas négliger son influence sur l'habitus alimentaire.

La complexité est identique lorsqu'il s'agit de faire l'inventaire des facteurs respectifs d'une dépression. Jusqu'à présent d'ailleurs, la prise en compte des facteurs génétiques n'a eu aucune conséquence sur les traitements de la dépression.

### UN MÉCANISME ADAPTATIF COMMUN

À cette diversité des causes, d'ailleurs souvent intriquées, s'oppose une uniformité des mécanismes adaptatifs mis en place lors d'une dépression qui expliquent une partie du tableau clinique. Les symptômes ont leur histoire ; ils sont l'expression phénoménologique d'adaptations visant à restaurer l'équilibre homéostatique de l'individu. Là encore, on retrouve les lois communes des espèces.

Dans la dépression se rencontrent les équivalents humains d'une réponse phylogénétique de renoncement et de figement. Dans les années 1960, Martin Seligman et son élève Steve Maier avaient conçu chez le chien un protocole expérimental cruel, de *learned helplessness* ou « désespoir appris ». Schématiquement, il consistait à bloquer l'animal dans une cage où il ne pouvait éviter des chocs électriques. Après une phase de pleurs douloureux, le chien renonce et subit les nouveaux chocs électriques sans plus protester. Après l'expérience, l'animal reste stressé et présente des moments de repli. Le lendemain, on reproduit l'expérience, mais la cage comporte cette fois un recoin où l'animal peut éviter les chocs électriques. Des animaux contrôles, qui n'ont pas vécu la séance de la veille, se mettent très vite, dès les premiers chocs, à l'abri dans le recoin. Les animaux choqués la veille se soumettent à l'expérience douloureuse sans chercher à éviter les chocs. Ils ont appris à renoncer...

Contemporain de Seligman, Beck a élaboré sa théorie cognitive de la dépression sur le même modèle du désespoir appris (*learned helplessness*). Il postulait que les déprimés souffraient de l'apprentissage d'une règle erronée, aboutissant à percevoir la récompense comme indépendante de leurs réponses ; les sujets auraient intégré une fausse croyance selon laquelle ils seraient impuissants à influer sur leur bien-être. Cet apprentissage aberrant réduirait alors leur motivation pour des réponses futures, faussant l'apprentissage de nouvelles situations.

La théorie du ralentissement psychomoteur dépressif de Widlöcher s'inscrit dans la même ligne de l'analogie entre la réponse comportementale d'immobilisation résignée observée dans différentes espèces animales et les symptômes relevés chez certains déprimés. Il fait l'hypothèse d'une réponse phylogénétique commune de figement dans les situations de perte ou d'abandon. Il en rapproche la dépression anaclitique du nourrisson décrite par Spitz chez les nourrissons âgés de plus de 6 mois, qui ont été privés récemment de leur mère. Après une phase de protestation et de pleurs, s'installe un état d'apathie avec refus de contact ou indifférence à l'entourage.

## L'EXTINCTION ADAPTATIVE DE L'AFFECTIVITÉ

« Je devrais ressentir ma peine et je n'arrive même pas à pleurer », disait cette patiente écrasée par la perte brutale de son mari dans un accident de voiture. C'est cela l'anesthésie affective du déprimé : le corps émotionnel, le cheval, est figé, assommé par la nouvelle. Le cerveau raisonneur du cavalier s'étonne de ne pas retrouver les traces du chagrin qu'il anticipe déjà, mais encore enfoui sous la paralysie de l'émotion. Cela génère souvent un certain degré de culpabilité, comme chez notre patiente qui disait qu'elle avait « l'impression de ne pas avoir de sentiment, d'être comme égoïste ».

Décrit au début du XIX^e^ siècle, le déficit émotionnel a revêtu des appellations différentes : les « affections du cœur » de Pinel, 1809, la « tristesse passive » d'Esquirol, 1820, la « dyesthésie psychique » de Ballet, 1903, notamment. Face à un événement aversif ou traumatique, l'individu tente de s'extraire du monde, de s'en retirer. Une façon de tenter de nier le réel et d'effacer ainsi la mauvaise nouvelle, incontournable sinon.

Cette acclimatation comporte deux niveaux complémentaires qui souvent peuvent être associés, mais dans des proportions très variables. Un niveau psychologique ou subjectif, sur le mode de la dénégation : « Mon oncle est mort, mais j'ai l'impression que ça ne me fait rien. » Un niveau physique, « naturel » diraient les phénoménologues, dévolu essentiellement au cheval, qui consiste dans une extinction de la vitalité émotionnelle instinctuelle, comme une tentative de dénégation du traumatisme par le corps lui-même. L'émoussement affectif associe les deux composantes, psychologique et physique. L'anhédonie concerne le versant subjectif, l'éprouvé. L'autre composante, corporelle, est repérée par la diminution de l'expressivité émotionnelle, mimique, gestuelle, et vocale.

| Fonction | Symptômes | |
|---|---|---|
| Plaisir ressenti | Anhédonie | Émoussement affectif |
| Affectivité exprimée | Hypoexpressivité émotionnelle | |

Figure 6.1

Nous avons déjà rencontré l'anhédonie comme trait de personnalité au chapitre sur l'envie. Comme symptôme chez le déprimé, son intensité est souvent beaucoup plus grande et ne concerne pas que la simulation des situations agréables. S'y ajoutent des éléments de sensations et de perceptions : les choses du monde sont ressenties comme desséchées, dévitalisées. Il n'y a plus rien de physique, toute perception est réduite à sa représentation intellectualisée : je parle avec mes amis, mais cela ne me fait pas plaisir ; je bois un verre de mon vin préféré, mais je le trouve sans goût, je ne le savoure pas. La *Suite pour violoncelle n° 1* de Bach, tellement forte d'ordinaire, me paraît fade, comme si les haut-parleurs de la chaîne n'émettaient plus que les basses, sans nuances, sans plus de relief. Les saveurs de la réalité sont amenuisées, les parfums sont éventés.

La diminution de l'expressivité émotionnelle concerne l'ensemble de ce qui est observable dans le comportement. Le visage est moins mobile, moins expressif ; les émotions mimiques sont atténuées, amorties. La gestuelle est appauvrie de la même manière. Enfin, la musique de la voix est assourdie : la prosodie est pauvre, plate, l'analyse acoustique de la voix montre une forte diminution des oscillations de la fréquence fondamentale.

L'extinction de l'affectivité associe donc les deux groupes de symptômes intriqués, subjectifs et corporels. Elle répond à différentes dénominations symptomatiques selon les pathologies : on parle d'anesthésie de l'affectivité, d'émoussement affectif. Elle n'est pas sélective, la modulation de la sensibilité au monde (extérieur et intérieur) est la même pour les événements négatifs et positifs. Afin de diminuer ma peine, j'éteins en même temps mon plaisir.

## UN PHÉNOMÈNE ADAPTATIF CONTINU DU NORMAL AU PATHOLOGIQUE

De nombreuses situations de la vie peuvent déclencher un processus d'émoussement émotionnel. Moduler son affectivité dans des situations adverses, c'est l'une des premières armes défensives de l'homme. Ce processus se déroule dans nombre de situations normales et pathologiques.

Le deuil en est l'un des exemples les plus typiques. Passé les premières heures ou les premiers jours, le sujet qui vient de perdre un être cher voit sa douleur s'émousser progressivement. Ce n'est pas suffisant pour empêcher la peine, mais cela rend le reste du monde fade et inintéressant. Il ne s'agit pas pour autant d'une dépression qualifiée, qui peut s'installer plusieurs semaines plus tard. Lorsque des antidépresseurs sont prescrits un peu vite dans un deuil non compliqué de dépression, il arrive même qu'ils puissent aggraver le mal. Les pleurs réapparaissent ou augmentent : le traitement a levé l'extinction émotionnelle adaptative et laisse la tristesse émerger de nouveau.

Cette adaptation peut aussi concerner des événements heureux, lorsqu'ils sont très intenses. Le père qui découvre son fils au sortir des affres douloureuses de la salle de travail se sent comme incapable de décrire, de ressentir même, la force de ce qui se passe en lui.

L'adolescent qui vient d'apprendre qu'il est reçu à son concours n'explose pas toujours de joie ; il est parfois comme sidéré, perplexe, ailleurs. D'autres fois, dans les heures qui suivent l'explosion de joie initiale, l'heureux lauréat éprouve le sentiment étrange d'être trop calme. Une sorte de décalage, comme si le corps s'était apaisé trop vite, n'était plus à la hauteur de l'événement encore très présent psychiquement.

## PSYCHOTROPES ET MÉCANISME ADAPTATIF

Certains médicaments psychotropes provoquent ou renforcent ce même phénomène d'extinction émotionnelle. C'est le cas notamment des neuroleptiques. Le mécanisme psychobiologique est connu : les systèmes dopaminergiques, cibles des neuroleptiques, sont ceux qui impulsent et modulent la sensibilité émotionnelle, nous l'avons vu. La création d'un état d'indifférence psychoaffective faisait partie de la définition d'un neuroleptique selon Jean Delay et Pierre Deniker. On pourrait dire que ces thérapeutiques accélèrent et amplifient un processus naturel de défense.

Le même phénomène, au moins sur certains points, s'observe avec les antidépresseurs sérotoninergiques. Quelques semaines après l'amélioration de la dépression et la normalisation de l'humeur, les patients peuvent ressentir une impression de subanesthésie, de distanciation par rapport à leur environnement : ils se sentent un peu lointains, moins sensibles que d'habitude. La sérotonine a en effet un rôle inhibiteur qui assure le contrôle du comportement, des cognitions et des émotions

## LE KRACH DE L'ÉCONOMIE PSYCHIQUE

L'un des principaux objets de ce chapitre est de montrer sur l'exemple de la dépression le dysfonctionnement pathologique du cerveau magicien.

Pour des raisons bien compréhensibles, on met la douleur morale et la tristesse en avant du tableau clinique de dépression. La souffrance est évidente. Mais la dépression n'est pas qu'un supplice psychologique insuffisamment enrayé par l'émoussement adaptatif de l'affectivité. C'est un véritable processus pathologique qui cumule de nombreuses perturbations physiologiques, émotionnelles et cognitives. On a longtemps cherché un noyau central du trouble alors que c'est probablement l'addition de cet ensemble de dérégulations diverses qui caractérise la pathologie.

En arrière-plan, des interrogations philosophiques s'expriment sur le sens de la causalité. Dans les années 1970, un débat théorique animé eut lieu entre l'école de Sainte-Anne et celle de la Salpêtrière. La première, dans la filiation de la théorie du trouble de l'humeur de Jean Delay, mettait en avant l'émotion dépressive comme noyau central de la dépression. Il y aurait une boîte noire dont le rôle serait de réguler l'humeur et qui ne fonctionnerait plus chez le déprimé. À la Salpêtrière, Widlöcher et ses élèves soutenaient la position inverse, faisant de la réponse phylogénétique de ralentissement le vrai trouble primaire, qui entraînerait secondairement une douleur morale et serait la cible des antidépresseurs.

L'explosion des connaissances en neurosciences cognitives a rendu caduc ce débat. Les deux camps avaient raison, ils parlaient des deux facettes en boucle d'un même phénomène. On ne peut pas séparer l'émotion pathologique de la défaillance neuronale. La faillite de l'appareil mental a, en paraphrasant François Lhermitte, une « contrepartie cérébrale ».

Ce qui distingue la tristesse dépressive, c'est qu'elle se fige, qu'elle s'installe de façon permanente. C'est en cela que l'humeur dépressive n'est plus une émotion. Le système émotionnel ne joue plus son rôle régulateur que nous avons vu à plusieurs reprises. La plupart du temps, mais pas toujours, il y a eu un facteur déclenchant. Le moment présent s'est alors figé sur l'événement : un deuil, une perte, un traumatisme... L'impression subjective qu'a le déprimé d'un temps infiniment lent tient à cette fixation dans un présent infini, celui de l'événement survenu. Le cerveau magicien ne sait plus fabriquer d'avenir.

## L'ALERTE : LA LUTTE ANXIEUSE

Cette réponse par le figement est le plus souvent précédée, comme chez l'animal, d'une phase de lutte. La dépression atteint nos deux grands systèmes d'adaptation : le système d'alerte et de survie, où les réseaux amygdaliens jouent un rôle central, puis le système d'envie et de récompense. L'état dépressif commence la plupart du temps par une activation du système d'alerte.

Dans le sillage des travaux de Seligman, Roger Porsolt a décrit le comportement des rongeurs soumis au test de la nage ou test de désespoir comportemental. La souris est placée dans un bocal rempli d'eau dont elle ne peut s'échapper. Pendant deux à trois minutes, elle nage comme une forcenée pour sortir du bocal, puis elle s'interrompt, s'immobilise, à la limite de la flottaison. Si, pendant les jours précédant le test, on administre à l'animal un traitement antidépresseur, la phase de lutte se prolonge d'environ deux minutes. Ce test est encore utilisé à l'heure actuelle pour sélectionner les nouveaux antidépresseurs chez l'homme. Pour simuler la dépression humaine à travers des modèles animaux, les chercheurs ont presque toujours conçu des systèmes d'épuisement consécutif au conflit ou à la lutte.

Cet état de lutte est marqué chez les patients par une agitation anxieuse avec déambulation, succession fébrile de pensées négatives, troubles du sommeil et cauchemars. C'est par l'emballement de cette réaction d'alerte qu'on explique l'hypertrophie de l'amygdale observée en imagerie cérébrale à la phase initiale de la dépression, contrastant avec une hypotrophie provoquée ensuite par la répétition des épisodes, nous y reviendrons.

### LE PIRE EST L'INCERTITUDE

Cet hyperfonctionnement amygdalien expliquerait les pensées anxieuses négatives. Il aurait une influence sur le cortex préfrontal qui lui-même s'emballerait ainsi que le cortex cingulaire antérieur.

Ce cercle vicieux d'emballement de la phase de lutte est très amplifié lorsque le contexte est marqué par l'incertitude. Par exemple, lorsqu'une entreprise annonce qu'un quart des emplois vont être supprimés, une proportion importante des salariés développe une lutte anxieuse. L'incertitude est un contexte souvent plus délétère qu'une mauvaise nouvelle avérée. La peur du coup est pire que le coup. Le sujet est dans l'incapacité de prédire et donc d'élaborer une stratégie d'adaptation.

Dans les années qui suivirent la découverte du virus du sida, on ne savait pas encore si l'annonce d'une positivité au test VIH était dramatique, impliquant le développement de la maladie à cette époque mortelle ou non, le sujet pouvant rester séropositif sans devenir malade. Un patient qui venait d'apprendre sa séropositivité a commencé une dépression anxieuse, expliquant : « Je ne sais pas si je dois m'accrocher pour obtenir une promotion à mon travail ou vendre mon appartement et faire le tour du monde avant de mourir... »

### UN DÉFICIT D'INHIBITION

Le véritable enjeu de la lutte anxieuse est la capacité de garder sa lucidité, de maintenir une stratégie d'attente, sans pour autant baisser son niveau de performance. Cela requiert une aptitude à inhiber des réactions trop automatiques qui pourraient s'avérer inappropriées ou imprudentes. C'est cette capacité d'inhibition qui cède en premier dans la dépression.

Au laboratoire, nous avions étudié avec Annick Pierson ces déprimés agités anxieux en enregistrant simultanément les potentiels évoqués en EEG et les performances psychomotrices lors d'épreuves de temps de réaction dites de « Go-No go ». Il s'agit d'une épreuve dont la consigne est d'appuyer (« Go ») ou non (« No go ») sur un bouton lorsqu'on entend un son, en fonction des caractéristiques d'une annonce visuelle préalable affichée deux secondes avant sur un écran. Si l'annonce est verte, on doit ensuite appuyer sur le bouton au moment du signal sonore (condition « Go »). Si elle est rouge, on ne doit pas appuyer sur le bouton lors de l'avertisseur sonore (condition « No go »). La consigne est de répondre le plus vite possible, les deux situations étant présentées au hasard un grand nombre de fois. Cette expérience place le sujet devant une contradiction qu'il doit assumer : automatiser la réponse pour être le plus rapide possible, mais développer une capacité d'inhibition de la réponse en cas de « No go », lorsqu'un signal rouge préalable s'est affiché à l'écran.

Dans cette expérience, les patients déprimés agités anxieux ont montré un ralentissement des ondes EEG reflétant les premières phases, celles du traitement perceptif des informations. Par rapport à des sujets contrôles, ces patients sont plus lents à décoder l'ensemble des caractéristiques physiques d'un signal : couleur, forme, taille... En revanche, ils étaient plus rapides que les contrôles dans les étapes suivantes, celles de la préparation de la réponse jusqu'au déclenchement de l'exécution motrice. De telle sorte que leur temps global de réaction comportemental était identique à celui des contrôles sains. Au contraire, des déprimés ralentis, après la phase de lutte, présentent un allongement de toute la chaîne sensori-motrice, tant sur les ondes EEG qu'en temps de réaction. Tout se passe comme si les patients déprimés agités anxieux surfaient sur les vagues d'informations fournies par l'environnement. Leur impulsivité compensait le ralentissement déjà présent.

Cliniquement, ces résultats peuvent expliquer certains symptômes tels qu'une tendance à la précipitation, une certaine façon de sursauter par avance. Dans une conversation, les sujets commencent fréquemment à répondre avant que l'interlocuteur ne termine sa phrase. L'entourage perçoit souvent ce style comme de l'énervement. Parfois, on taxe d'agressivité ce qui est de l'hyperréactivité ou une simple irritabilité parce que le sujet est submergé et n'a plus les capacités de contrôle suffisantes. Là encore, on peut décrire ces comportements selon une logique d'économie énergétique. Si on a compris une question, si on est presque certain d'avoir compris, alors on se dispense d'inhiber la réponse le temps que vienne son tour de parole.

Toutes ces manifestations cliniques traduisent un déficit d'inhibition secondaire à un dysfonctionnement des fonctions exécutives. L'inhibition est en effet un mécanisme de base du contrôle du comportement et de la planification de l'action.

## UN DÉFICIT DES FONCTIONS EXÉCUTIVES

Les études cognitives et en neuro-imagerie suggèrent une implication majeure des circuits cortico-limbiques dans la dépression, au niveau cognitif dans les fonctions exécutives et au niveau comportemental dans l'apathie, l'anhédonie et le ralentissement psychomoteur[2]. L'imagerie cérébrale montre des dysfonctionnements, notamment au niveau préfrontal dorso-latéral, mais aussi amygdalien et hippocampique. Ainsi, un déprimé a une hypoactivation préfrontale pendant la réalisation d'une épreuve de fluence verbale, consistant à énoncer le plus de mots possible commençant par exemple par la lettre p en un temps donné. Plus les épisodes dépressifs durent, plus les fonctions exécutives sont altérées.

Pour comprendre ce dont il s'agit en pratique, nous citerons deux exemples de tests qui révèlent des comportements typiquement perturbés. Le premier est celui de la tour de Londres introduit au chapitre 4. Le second est celui du classement de cartes de Wisconsin (*Wisconsin Card Storting Test*, WCST). Le sujet dispose de quatre cartes réponses. On les lui propose une à une et on l'invite à les apparier avec une de ses quatre cartes réponses sur la base des critères de couleur, de forme ou de nombre. On lui demande de maintenir son choix pendant quelques essais, puis de changer de critère de classement après plusieurs essais consécutifs suivant le même critère.

---

2. Rogers et coll. (1998).

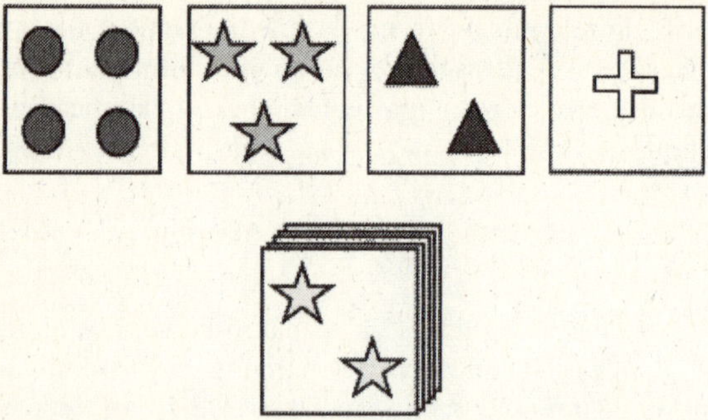

Figure 6.2

Ces perturbations dans la planification, l'inhibition et la flexibilité que demande un changement de stratégie – passer d'un appariement selon le nombre à un appariement selon la couleur – permettent de mieux comprendre combien la vie de tous les jours est difficile pour un déprimé. Non seulement au travail, mais dans tous les domaines de la vie personnelle et sociale, nous passons notre temps à planifier, ordonner et changer de stratégie. Ainsi, suivre une conversation à plusieurs dans un dîner devient une tâche cognitive insurmontable. Cela implique en effet d'inhiber des réponses, de les programmer, de faire plusieurs choses à la fois. C'est l'une des causes du retrait social du déprimé, découragé par avance de l'effort à fournir dans une soirée entre amis, à laquelle il préfère renoncer. Le renoncement le frustre et le décourage, et ainsi de suite.

### DES PILES USÉES

À la manière d'une pile usée qui, après qu'on l'a laissée au repos, fonctionne à nouveau pour un moment de plus en plus court chaque fois, la machine à penser du déprimé s'épuise de plus en plus vite. C'est l'un des mécanismes principaux d'entretien de la tristesse dépressive et de la baisse de performance.

Ces troubles relèvent d'un large éventail de processus : l'attention, le raisonnement, la mémoire, le langage, la résolution de problèmes abstraits... Mais tous ces dysfonctionnements cognitifs ont une caractéristique commune : ils concernent des tâches dites « effort-dépendantes » (*effortful*). C'est à partir de Weingartner (1981) que s'est forgée l'idée que les déficits cognitifs des déprimés concernaient des activités qui demandent un effort soutenu, alors que les tâches plus automatiques (comme ouvrir sa porte avec sa clef) étaient préservées.

Le déficit d'attention soutenue a déjà été évoqué au chapitre 5. C'est le déclin de la performance dans le temps. Le propre du déprimé est de pouvoir faire une tâche normalement au début, mais de s'épuiser très vite. On dit que si on l'y incite, il peut très bien jouer au ping-pong ou aux échecs pendant 30 ou 40 secondes, mais qu'ensuite sa performance s'écroule. On pense que c'est ce déficit de soutien de l'attention qui décourage par avance les déprimés d'entreprendre la moindre activité. C'est pour cette raison qu'ils conservent des performances normales dans les épreuves relativement simples, par opposition à une détérioration des performances quand les tâches se compliquent.

## LA MÉMOIRE FATIGUÉE

L'atteinte de la mémoire est l'un des symptômes les plus souvent invoqués par les déprimés. La gravité du trouble est souvent corrélée à la sévérité ou bien à la répétition des épisodes. Certains déficits de mémoire demeurent au sortir d'une dépression, amenant les patients, qui perdent confiance en eux, à changer de stratégie : noter les courses ou les choses à faire au lieu de les apprendre, vérifier le code de l'immeuble d'un ami chez qui l'on va dîner depuis des années.

Un point particulier concerne la mémoire autobiographique, où les déprimés procèdent par généralisation, sans réelle capacité à se remémorer un point précis. Par exemple, à la question : « Citez-moi un souvenir agréable », le déprimé cherche d'abord avec difficulté, puis répond souvent par une généralisation (« Quand j'allais en vacances enfant avec mes grands-parents »), ayant perdu la capacité à se remémorer un souvenir précis (« le jour de mes 18 ans »). Dans notre laboratoire, Cédric Lemogne et Philippe Fossati ont pu montrer cet aspect particulier du trouble mnésique qui concerne la mémoire autobiographique et son intrication avec la valence émotionnelle des souvenirs. Lors de l'évocation de souvenirs positifs, les patients présentent des difficultés à reconstruire un point de vue d'acteur, c'est-à-dire qu'ils ne voient pas la scène de l'intérieur. Comme ce déficit persiste lors des rémissions de la maladie, ce trait fonctionnel pourrait représenter un facteur de vulnérabilité affective consistant dans une difficulté à utiliser sa mémoire autobiographique comme un renforçateur.

## LES ÉPISODES DÉPRESSIFS LAISSENT DES CICATRICES

À l'énumération de ces différents troubles, on peut aisément comprendre que les systèmes impliqués dans la recherche du plaisir soient déréglés et rendent plus difficile le retour à la vie normale. Il y a une autre complication des dépressions qu'on commence à mieux connaître : c'est le fait que la répétition des épisodes finisse par laisser des traces de moins en moins réversibles, conduisant à de véritables dysfonctionnements cognitifs chez certains patients.

Cela peut s'observer à deux niveaux, celui des performances dans les tests neuropsychologiques et au niveau des explorations dynamiques et morphologiques.

Les performances cognitives s'altèrent progressivement avec la répétition des épisodes. Les récidivants montrent des déficits plus sévères que les déprimés faisant un premier épisode. Ils sont plus sévèrement atteints aux plans de la mémoire[3] comme des fonctions exécutives[4]. Ces résultats suggèrent que la répétition des épisodes favorise la mise en place d'un mode d'organisation de traitement de l'information de plus en plus rigide, avec des difficultés de plus en plus marquées dans les épreuves complexes mettant en jeu les fonctions exécutives. Plus les épisodes dépressifs durent, plus les fonctions exécutives sont altérées[5]. La mémoire est la fonction le plus souvent altérée, corrélativement à la sévérité ou bien à la répétition des épisodes

Ces résultats neuropsychologiques sont corroborés par un ensemble de données neurophysiologiques et morphologiques. Les récidives modifient la dynamique cérébrale. Au niveau du sommeil, les tracés électroencéphalographiques (EEG) des patients récidivant sont altérés, avec une diminution du sommeil lent, des perturbations de sa continuité et du sommeil paradoxal, par rapport à des patients présentant un premier épisode. Ces différences persistent en phase de rémission[6].

Le cumul des épisodes dépressifs modifierait la morphologie cérébrale. Des études en neuro-imagerie, en pharmacologie expérimentale et *post mortem* ont mis en évidence des réductions de volume, ou des anomalies structurales dans de nombreuses régions cérébrales connues pour être affectées dans la dépression. On retrouve surtout une diminution de la densité de matière grise au niveau cortical et striatal, et des réductions du volume de l'hippocampe[7].

3. Nandrino et coll. (2002).
4. Lampe et coll. (2004).
5. Grant et coll. (2001).
6. Jindal et coll. (2002). Pour revue voir S. Dubal et R. Jouvent.
7. Sheline et coll. (1999) ; Frodl et coll. (2004).

Ces phénomènes s'expliquent par des modifications de la plasticité cérébrale, de la neurogenèse, et de la résilience cellulaire dans la dépression. Les effets des antidépresseurs sur la plasticité synaptique sont en faveur de cette hypothèse : ils augmentent les facteurs neurotrophiques et la neurogenèse[8]. Par exemple, au niveau de l'hippocampe, ils agissent à la fois en augmentant la prolifération et la survie des jeunes cellules. La maladie dépressive périodique ne serait ainsi plus à envisager comme une suite d'accès, mais comme un processus pathologique de longue durée.

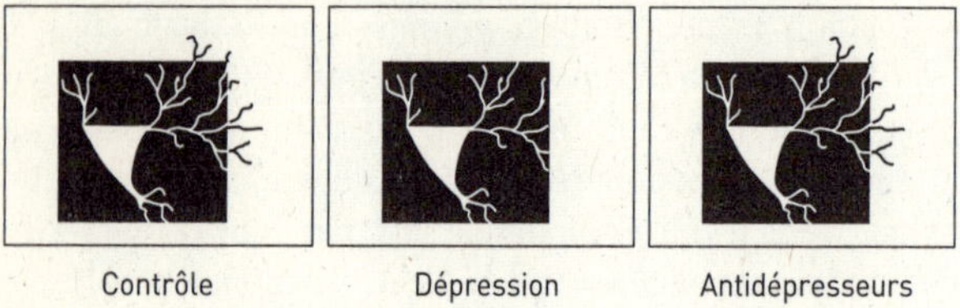


Figure 6.3

Vraisemblablement, le volume hippocampique est corrélé à la durée de la maladie. Sheline a même trouvé une corrélation entre la diminution du volume de l'hippocampe et le nombre de jours de dépression non traités au cours d'une vie. L'hippocampe n'est pas le siège unique des détériorations morphologiques. Des études *post mortem* ont mis en évidence une réduction de la taille du cortex orbitofrontal. Des études en neuro-imagerie cérébrale ont montré des modifications fonctionnelles, ou morphologiques au niveau du cortex préfrontal et de l'amygdale.

Ainsi, les structures et les réseaux atteints aux plans cérébral et fonctionnel sont précisément ceux dont nous avons pu voir au chapitre 3 qu'ils jouaient un rôle clef dans

8. Manji et coll. (2003).

la vie émotionnelle limbique (amygdale, hippocampe) et dans l'articulation entre la vie émotionnelle et le pilotage exécutif (cortex orbito-frontal). C'est le cheval et les qualités stratégiques du cavalier qui sont peu à peu altérés au niveau cellulaire. Tout se passe comme si la répétition des épisodes dépressifs installait un cercle vicieux où les structures mentales et de l'imaginaire, sous-utilisées, deviennent de plus en plus rigides et finissent par s'appauvrir. Un organe qui ne travaille pas s'étiole, voire s'hypotrophie. Les réseaux neuronaux de la motivation et de la souplesse mentale perdent peu à peu de leur vigueur. À la lecture psychodynamique de l'anémie dépressive fait écho l'autre facette, *neurodynamique*. Mais c'est bien d'un seul et même processus pathologique qu'il s'agit.

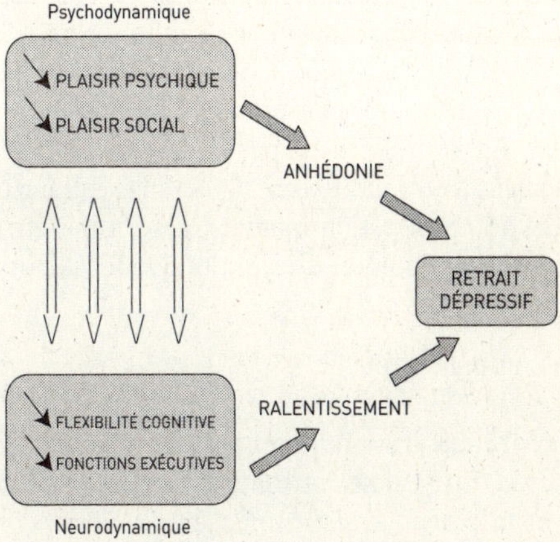


Figure 6.4
Les deux facettes du retrait du déprimé.

C'est un argument pour envisager que la remédiation cognitivo-émotionnelle assistée par ordinateur devrait, associée aux psychotropes, devenir un moyen thérapeutique supplémentaire pour lutter contre les conséquences de la maladie dépressive périodique, comme elle l'est déjà contre celles de la schizophrénie. Nous y reviendrons.

## *La magie de la douleur*

Dès leurs premières descriptions de l'anesthésie affective, les cliniciens ont insisté sur le caractère insupportable de cette véritable anémie émotionnelle pour le déprimé. « Ce n'est plus une douleur qui s'agite, qui se plaint, qui crie, qui pleure, c'est une douleur qui se tait, qui n'a plus de larmes, qui est impassible. Ce dont il se plaint le plus, c'est de ne plus sentir », disait déjà Esquirol du mélancolique. On pourrait s'étonner de ce que l'indifférence ressentie soit si pénible. On aurait pu penser que l'indifférence rende... indifférent. En vérité, il n'est pas certain que ne rien sentir soit équivalent à être indifférent. Quand la réalité n'offre pas de support à la production mentale, l'esprit préfère les pensées négatives ou douloureuses plutôt que le vide psychique.

### LE COUPLE PLAISIR-DOULEUR

En avril 2008, dans l'éminente revue scientifique *Nature Neuroscience*, Siri Leknes et Irene Tracy ont suggéré que la douleur et le plaisir avaient une neurobiologie commune, héritée de l'évolution. Ils attribuent à ce système commun une double fonction darwinienne. Nous avons vu au chapitre 5 sur l'envie que les systèmes dopaminergiques et les systèmes opioïdes prenaient origine dans les zones très anciennes et très profondes du tronc cérébral, en particulier celle de l'aire tegmentale ventrale.

Faisant une recension très complète des travaux chez l'homme et l'animal, ces auteurs constatent que la plupart de ces mêmes structures sont impliquées à la fois dans les processus de récompense et dans la douleur. Et que c'est dans une double inhibition réciproque, héritée des lois darwiniennes de la survie, que résiderait la régulation du plaisir : la douleur protège du danger et de l'imprudence, tandis que la recherche de récompense amène à innover, à prendre des risques. Les situations douloureuses, « nociceptives », déclencheraient une anesthésie et donc une incapacité à ressentir, alors que l'éprouvé du plaisir nécessiterait une inhibition des systèmes anesthésiques. Quand on entre dans un film au cinéma, il arrive que l'on soit saisi par l'émotion au point d'en avoir les larmes aux yeux. Ce n'est possible que parce qu'« on s'est lâché », autrement dit pour éprouver le plaisir du cinéphile, nos systèmes anesthésiques sont inhibés, mis au repos. Le prix à payer, c'est le risque d'avoir peur ou de pleurer.

Cet éclairage nouveau conduit à réinterpréter les symptômes de la dépression. La douleur morale et le déplaisir deviendraient des conséquence biologiques directes d'un déficit d'inhibition par le système de récompense (le système d'envie). Le déprimé n'aurait alors pas d'autre choix que de rationaliser sa douleur. C'est la position romantique, sorte de politique du pire adaptative. Si la douleur reste l'unique sensation que le cheval transmette au cavalier, alors celui-ci n'a plus qu'à vanter les charmes de la souffrance. La douleur morale est comprise comme une régulation par le haut (*top-down*).

## L'ADAPTATION ROMANTIQUE

La pensée joue cette fois un rôle adaptatif en elle-même. La magie consiste à transformer le sentiment douloureux en lui donnant une noblesse démesurée, en lui prêtant un caractère motivationnel, *intentionnel*. C'est bien l'idée romantique de la douleur comme drapeau de la sensation extrême. Écoutons ce qu'Alfred de Musset fait dire à la Muse, dans *La nuit de mai* :

*Quel que soit le souci que ta jeunesse endure,*
*Laisse-la s'élargir, cette sainte blessure*
*Que les séraphins noirs t'ont faite au fond du cœur ;*
*Rien ne nous rend si grands qu'une grande douleur.*
*Mais, pour en être atteint, ne crois pas, ô poète,*
*Que ta voix ici-bas doive rester muette.*
*Les plus désespérés sont les chants les plus beaux,*
*Et j'en sais d'immortels qui sont de purs sanglots.*

L'important, quoi qu'on ressente, c'est de se l'approprier, en faire un vouloir, un voulu. « On en vient à aimer son désir et non plus l'objet de son désir », disait Nietzsche. À la limite, on pourrait se demander si ce mécanisme ne pourrait pas figurer parmi les multiples déterminants du masochisme.

Dans la même perspective, l'attitude psychologique qui consiste à mettre en avant le négatif, le laid, à énoncer agressivement une loi de nullité des événements peut aussi apparaître comme une adaptation de haut en bas (*top-down*). En valorisant le négatif, je fais coup double : une apologie de la douleur comme drapeau, comme intention et une économie sur le plan de l'énergie psychique dépensée.

## LE NÉGATIVISME EST ÉCONOMIQUE

Dans un univers neutre, il est beaucoup plus facile et rapide de décider qu'il est négatif que de chercher un motif de le colorer positivement. Pour le déprimé qui découvre le matin qu'il fait gris, il est nettement moins fatigant, au plan de l'énergie psychique dépensée, de dire qu'« évidemment le temps est moche ». On n'a pas besoin de regarder le ciel en détail, de le traiter perceptivement, pour ressasser la mauvaise nouvelle météorologique. En revanche, dire qu'il y a des nuages mais qu'ils ressemblent à un troupeau de moutons ou que, certes, il fait gris et peut-être il va pleuvoir, mais qu'on pourra en profiter pour aller au cinéma, nécessite une certaine créativité mentale. Tenter d'argumenter négativement cette mauvaise surprise d'un temps maussade, c'est encore une fois refaire l'histoire, transformer la météo en intention. Noircir le monde, le connoter négativement, c'est la façon la plus minimaliste de transformer la perception en intention.

Au-delà de la dépression, le même raisonnement peut valoir pour le « style cognitif » de certaines postures psychologiques, depuis le pessimisme anxieux jusqu'au défaitisme. Analysez en détail le discours d'un pessimiste, vous pourrez remarquer qu'il est sémantiquement restreint et son lexique rudimentaire. Le « ça ne marchera pas » évite l'inventaire du réel, dispense de chercher dans le monde environnant des prétextes à création, des motifs de croire et d'entreprendre. L'économie est double : simulatrice et intentionnelle. Comme pour le ciel par temps maussade, la position négative dispense d'un travail perceptif détaillé. L'intentionnalité est réduite au minimum, puisqu'elle n'est pas tournée vers une anticipation créatrice. Elle se contente de la routine du ressassement, sans innovation de l'imaginaire. « La répétition, c'est la mort », disait Freud.

CHAPITRE 7

# LE CORPS À CORPS

*Narcisse : « Je voudrais être séparé de ce que j'aime ! »*

OVIDE, *Les Métamorphoses*

Nous avons vu le cerveau magicien à l'œuvre presque exclusivement chez l'individu isolé. Il s'agit maintenant de l'inscrire dans la relation à l'autre. Ce chapitre fait fonction de pivot entre la première partie du livre et la seconde, où il sera souvent question de la magie à deux.

La présence de cette transition en clef de voûte, pour ainsi dire, n'est pas un hasard : en effet, la formation du soi est issue de la première relation à l'autre. Le nouveau-né ne fait pas la différence entre le monde extérieur et lui. Pour fonder le soi, il faut d'abord un autre, qu'on va imiter, avec qui on apprendra à interagir. On ne peut pas poursuivre l'histoire du cerveau magicien de l'individu sans être déjà dans la description d'un système à deux, à partir duquel s'effectue l'individuation. Ces moments fondateurs se rejoueront ensuite à l'age adulte, dans le partage avec l'autre.

La formation du soi vient de l'autre : c'est le thème de ce chapitre. Dès lors que le soi sera ainsi individualisé, les relations à autrui suivront les mêmes traces, comme des retrouvailles des premières années de la vie. Le face-à-face dénote l'importance de la relation corporelle, animale dans le développement de l'appareil psychique. Nous avons vu le rôle de l'échange limbique dans le développement et le maintien de l'attachement et de la complicité.

Ces premières étapes décisives sont franchies grâce à la coopération de deux mécanismes biologiques déterminants : l'imitation et la simulation. Au début, les imitations du nouveau-né sont réduites à des automatismes, elles sont presque réflexes. Mais, très vite, en imitant les mouvements maternels, le bébé apprend à les simuler. Cette capacité de simulation lui permet de s'approprier le répertoire de mouvements, d'en devenir le propriétaire. C'est de cette façon qu'il prend conscience de son propre corps, et de son soi.

## *Lâcher le modèle : devenir soi*

L'histoire de la vie, comme celle des espèces, peut être résumée schématiquement dans un double mouvement : à l'imitation initiale, source des apprentissages et de la constitution du soi, succède un renoncement partiel au modèle sans rompre la filiation. Conserver les acquis des générations précédentes, puis s'en extraire pour développer de nouvelles singularités enrichissant le patrimoine adaptatif. De ce point de vue aussi le parcours de l'ontogenèse s'emboîte dans celui de la phylogenèse.

### LE CAVALIER MÛRIT

Avant même de savoir qu'il est lui, le bébé imite la mère. Dans notre laboratoire, Jacqueline Nadel a montré qu'à quinze minutes de vie, un nouveau-né pouvait imiter sa mère ! Ses vidéos font le tour des conférences spécialisées du monde entier. Surtout, elle a eu le mérite de montrer les capacités néonatales qu'impliquait cette imitation ultraprécoce : reconnaissance de la face humaine *versus* une non-face, et reconnaissance du mouvement biologique *versus* non biologique. Ces premières acquisitions motrices et émotionnelles vont se complexifier vers le deuxième mois, nous le verrons.

À partir de 3-4 ans, grâce notamment au développement du langage, l'enfant accède aux représentations complexes. En même temps que son cheval continue de grandir, l'abstraction fait grandir son cavalier. Il étend le plaisir du jeu psychique avec les mots. L'imitation des actions simples, motrices (le cheval), est progressivement relayée par l'imitation des projets et des croyances (le cavalier).

L'enfant qui parlait de lui par son prénom ou en disant « il » opte pour le « je ». Peut-être peut-on y voir les racines de l'apprentissage d'une pluralité de points de vue. Je peux être le « il » de quelqu'un. La cohabitation commence entre deux représentations de soi. Mais, globalement, cette période du développement s'opère sans véritable remise en cause du modèle parental. La référence reste ces figures tutélaires.

## LA CRISE ADOLESCENTE

C'est à l'adolescence que le modèle parental en tant que référentiel est remis en cause. On copiait les parents, on les imitait, on pensait comme eux. Le besoin d'autonomie se fait sentir. C'est le moment d'un renoncement souvent outré au modèle familial. L'adolescent opère un renversement de ses choix, de ses règles, parfois jusqu'à la caricature. Tout ce que font les parents est désuet, leurs goûts, leurs pratiques, leur morale. On s'ennuie avec eux, on l'affiche de façon provocante.

Cet élan d'autonomie débouche sur un conflit affectif lancinant. Comment devenir soi, différent, ne plus être la simple copie des parents, sans perdre les richesses accumulées sous forme d'apprentissages, sans rompre les relations d'attachement ? Comment continuer de les aimer, mais autrement, en rompant avec la similarité ? Comment afficher ce besoin de rupture, l'acter vraiment, tout en conservant, dès que nécessaire, des signes de réassurance grâce au maintien de l'attachement à la génération précédente ?

## EN MIROIR : LA CRISE DES PARENTS

Le mouvement d'indépendance n'est pas une épreuve seulement pour l'ancien imitateur, mais aussi pour l'imité. De quelle manière l'entreprise parentale peut-elle accepter un tel mouvement d'indépendance sans sourciller ? Alain Braconnier et Daniel Marcelli ont bien décrit le défi narcissique de cette crise parentale. Comment perdre cette délicieuse habitude, tellement ancrée qu'elle n'est même plus consciente, d'être le référent, le modèle, l'idéal totalitaire ? La responsabilité parentale est grande, de rassurer l'enfant devenu adolescent. Il s'agit de lui montrer que, même s'il a changé, on aime le grand qu'il est devenu autant que le petit qu'il était. Laisser grandir son enfant, sans se sentir menacé par ses remises en cause, sans réaction de rejet, c'est le défi des parents d'adolescent. Philippe Jeammet a de son côté attiré l'attention sur les excès occasionnés par cette crise qui peuvent conduire les parents à démissionner, à lâcher le nécessaire encadrement tutélaire.

Des mouvements de balancier, d'aller-retour, vont émailler ce passage à l'âge adulte. Mais si les choses se passent bien, ces oscillations seront peu à peu moins amples et moins fréquentes. Plus tard, sereinement, l'ancien adolescent, devenu adulte, viendra les interroger sur leurs propres parents, comment ils étaient jeunes parents, d'où ils sont venus. La route s'ouvrira aux enfants de nos enfants...

## *Les bases biologiques*

Venons-en aux mécanismes biologiques et aux bases neurales de cette histoire du soi. Elles se constituent principalement autour des mécanismes d'imitation et de simulation, nous l'avons dit, et commencent par une complexification.

### PRENDRE CONSCIENCE QU'ON IMITE : DE L'IMITATION À L'INTENTION

La procédure d'imitation va s'enrichir, se diversifier, par complexification des phénomènes de résonance, c'est-à-dire d'actions partagées. Comme le remarque Jacqueline Nadel : « Le mécanisme de bas niveau de résonance serait présent dès la naissance et rendrait compte de l'imitation néonatale, tandis que le mécanisme de haut niveau... apparaîtrait après quelques mois de vie, dérivant d'une association entre la représentation de l'action motrice et les conséquences de l'action. » C'est en partageant le sens du but de l'action que l'enfant développe son intentionnalité et s'approprie progressivement ses actions.

Il y a quelque chose de fascinant dans cette procédure développementale qui allie chez le bébé la simple réplication avec la genèse d'une liberté d'invention. Imaginez un exemple : que vous ne sachiez pas peindre, que vous n'ayez jamais vu personne faire une aquarelle ou un tableau. En imitant le peintre qui trempe son pinceau dans deux couleurs différentes, en même temps vous apprenez comment faire un mélange et vous découvrez aussi le principe (et dorénavant la possible intention) de mélanger à l'infini toutes les couleurs que vous choisirez. En imitant, vous faites d'une pierre deux coups, un apprentissage pragmatique (mélanger) et le gain d'un degré de liberté intentionnel : avoir envie de mélanger, faire de nouvelles couleurs... C'est comme ça que le bébé acquiert la double capacité de faire et de désirer faire. Ce qui fait dire à Joëlle Proust que « l'imitation s'attache à capter et à reproduire une certaine articulation entre moyens et fins, c'est-à-dire une certaine relation instrumentale entre un comportement particulier et un but ».

C'est l'occasion de remarquer une fois encore l'ancrage de l'imaginaire, des intentions, dans les premières acquisitions motrices. En toute idée, il doit y avoir des traces du corps. C'est ce qui manque à Narcisse.

## L'ALTÉRITÉ FONDE LE SOI

On a tendance à ne retenir l'histoire de Narcisse que sous l'angle de la complaisance solitaire et de l'inflation auto-amoureuse. Mais dans le texte d'Ovide, c'est d'une véritable tragédie qu'il s'agit. Narcisse périt du désespoir de n'aimer qu'une fiction sans corps. Seulement une image reflétée dans le miroir de l'eau, sans substance. Narcisse meurt du manque fondamental, celui de l'altérité fondatrice.

Le cerveau magicien ne fonctionne efficacement qu'à deux. Deux dans la réalité, en tout cas deux dans la réalité psychique. Deux dans la tête, un deuxième en nous qui nous regarde, qui nous surveille, qui nous choie, héritage de l'enfance. C'est la deuxième personne en nous, que nous reverrons au prochain chapitre. Sa consistance est le fruit de la première relation duelle. Le soi n'a de sens que par rapport à un autre. La performance de l'ontogenèse est d'avoir mis à l'intérieur, *intériorisé*, la relation à autrui, la pratique de l'altérité.

À la manière du bambin fier de jouer une piécette qu'il vient d'apprendre au piano sous le regard maternel, l'adulte, quand il est seul, ne pourra jouer sur le clavier de son esprit que si ses actions ont un sens pour le spectateur en lui. Il faut pour cela qu'il ait intégré un regard à l'intérieur de son appareil psychique. Alors, il pourra découvrir la magie du jeu de l'esprit.

Je fais l'hypothèse que cette capacité de fonctionner à deux, dans la réalité puis à l'intérieur de soi, s'est développée en particulier à partir du jeu d'alternance entre imiter et être imité. La prise de conscience de cette possibilité d'inversion des rôles fonde la première perception de l'altérité, externe, avant de s'internaliser.

## IMITER ET ÊTRE IMITÉ

Jacqueline Nadel a beaucoup insisté, à cause de son impact sur le développement, sur l'importance du jeu entre imiter et être imité. Cette bascule entre le modèle maternel et le bébé imitateur a plusieurs effets complémentaires. Elle représente une nouvelle étape maturative de l'imitation entre le bébé et la mère, qui au début était réduite à une synchronisation fusionnelle des mouvements. Peu à peu, cette phase initiale d'imitation s'efface pour laisser place à une désynchronisation partielle entre les deux acteurs. L'un peut s'interrompre ou cesser d'imiter quelques instants. Cela permet de mieux différencier le soi du non-soi, et donc la prise de conscience du soi, par le biais de l'appropriation de ses propres actions et de celles de l'autre. C'est aussi cela le drame de Narcisse, dont les mouvements reflétés dans l'eau du lac sont parfaitement synchrones. D'où son impossible vœu d'aimer quelque chose, en fait quelqu'un, séparé de lui.

Le jeu entre imiter et être imité développe en même temps la relation d'alternance, précurseur du futur tour de parole conversationnel (je parle quand l'autre a terminé sa phrase, et ainsi de suite). Enfin, en diversifiant la palette des comportements (imiter, arrêter d'imiter, induire chez l'autre l'imitation...), il développe les capacités de varier et donc d'inhiber, par exemple, en interrompant soudainement un comportement répétitif. Ce dernier cas dépend de la gestion des automatismes par les processus contrôlés, comme nous l'avons vu à propos du rôle des fonctions exécutives.

Tous ces mécanismes de base sont mieux compris depuis la grande découverte italienne des neurones miroirs.

## L'EMPATHIE DU CHEVAL : LES NEURONES MIROIRS

Nous avons pu le voir à propos du phénomène de simulation dans le chapitre 4 : des zones motrices communes sont activées lorsqu'un sujet fait un mouvement et lorsqu'il imagine qu'il fait ce mouvement. La découverte spectaculaire des neurones miroirs, il y a une dizaine d'années, par l'équipe de Giacomo Rizzolatti, à l'Université de Parme, a donné à ce phénomène de simulation une importance encore accrue. Cette équipe a montré l'existence de neurones qui peuvent s'activer aussi bien lorsqu'on effectue un mouvement que lorsqu'on observe quelqu'un d'autre exécuter le même mouvement. Regarder quelqu'un porter la main à la bouche revient à simuler qu'on porte soi-même la main à la bouche !

L'expérience initiale de l'équipe de Rizzolatti concernait le singe macaque : des neurones prémoteurs déchargent lorsque l'animal effectue un mouvement de préhension vers un but (prendre un objet ou un aliment) ou lorsqu'il observe d'autres individus (singes ou humains) faire le même mouvement. Ces neurones sont spécialisés selon leur position dans les aires prémotrices (F5 chez le singe), soit dans un mouvement de la main, soit dans le mouvement de la bouche ayant la même finalité (attraper). Cette découverte fondamentale révèle que la complicité entre individus peut reposer sur la simulation neuronale des actions de l'autre. Elle offre aussi une nouvelle lecture du développement des compétences sociales chez le nourrisson.

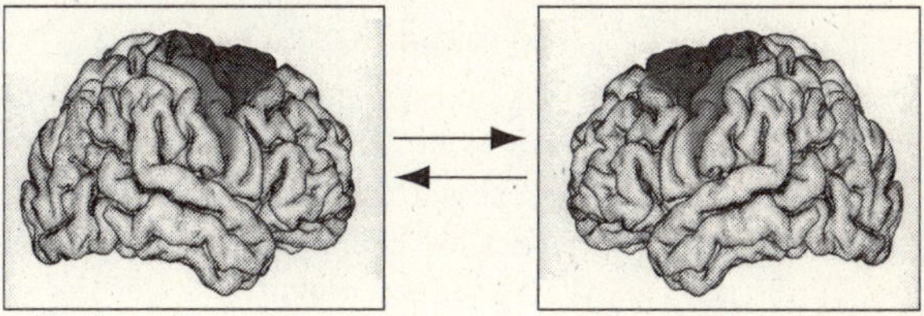

Figure 7.1

UN RÔLE CLEF DANS L'IMITATION

Le système miroir est en effet proposé comme l'une des bases de la compréhension d'autrui. Après 6 mois, l'imitation s'enrichit en ne concernant plus seulement des mouvements mais aussi des actions. Rizzolatti et son équipe postulent que les neurones miroirs se développent par un mécanisme de résonance entre le bébé et son modèle qui impliquerait le codage des intentions. À travers un substrat neuronal partagé, le nourrisson apprendrait à décoder les intentions d'autrui en même temps qu'il découvrirait les siennes. Il ferait la même progression dans la compréhension des actions planifiées, complexes, chez autrui et la prise de conscience de pouvoir lui-même les effectuer. L'idée générale de l'importance de l'imitation n'est pas nouvelle, elle est reconnue par la communauté des spécialistes. L'hypothèse de l'équipe de Parme concerne le rôle quasi exclusif des neurones miroirs.

## *Des retrouvailles pour partager entre adultes*

Plusieurs études ont confirmé l'existence dans le cerveau humain d'un système de neurones miroirs qui appartient lui aussi à la boucle perception-action. Durant l'observation de l'action, il y a une forte activation des aires prémotrices et pariétales, probablement l'équivalent humain des aires dans lesquelles les neurones miroirs ont été originellement décrits chez le singe. Certains travaux commencent d'apparaître sur l'implication de neurones miroirs dans les émotions. Bruno Wicker, en stage post-doctoral à Parme, a mis en évidence des neurones miroirs pour l'émotion de dégoût. Lorsqu'on fait une mimique de dégoût à un sujet ou lorsqu'on déclenche chez lui un dégoût par l'inhalation d'une odeur répulsive, on observe l'activation des mêmes neurones au niveau de l'insula antérieure et à un moindre degré du cortex cingulaire antérieur. C'est un argument supplémentaire en faveur des systèmes miroirs comme supports de la compréhension et du partage des émotions d'autrui.

Gallese commente ainsi ce résultat : « Quand je vois l'expression faciale de quelqu'un d'autre et que cette perception m'amène à expérimenter *cette* expression comme un état affectif particulier, je n'accomplis pas ce type de compréhension grâce à un argument par analogie. L'émotion de l'autre est constituée, expérimentée et par conséquent directement comprise au moyen d'une simulation intégrée qui engendre le partage d'un état du corps. C'est l'activation d'un mécanisme neuronal partagé par l'observateur et par l'observé qui permet une compréhension expérientielle directe. »

On peut ainsi comprendre que Vittorio Gallese ait été jusqu'à proposer que le système miroir pourrait représenter les « bases neurales » de l'empathie, au travers d'états diversifiés d'intersubjectivité. Mais, comme le remarque Gérard Jorland, « le répertoire de mouvements intentionnels relevant du système miroir est bien trop restreint, même s'il est biologiquement fondamental, pour que l'empathie en procède ». De même, nous pensons que le système des neurones miroirs ne constitue que la base d'une empathie de bas niveau, permettant de partager des signaux émotionnels et des actions sans le contexte autobiographique de l'autre, sans ce *qu'il a dans la tête*. Ce qui est partagé, ce sont les éléments les plus anciens de l'animal en nous.

Si une coactivation des neurones miroirs peut permettre le partage à deux d'un état émotionnel corporel de base, elle ne peut donner lieu à une métacommunication. L'expression mimique ou gestuelle n'est qu'un élément du théâtre de la communication. La magie est dans le jeu entre les niveaux. Si je fais un sourire à mon ami en lui annonçant qu'on vient de me voler ma voiture, cela ne veut pas dire du tout la même chose que si je le fais en lui annonçant une bonne nouvelle. Dans le premier cas, j'ai recours à une chimère émotionnelle, dont nous avons déjà parlé : je souris en évoquant une perte, c'est-à-dire que je combine une émotion corporelle avec un discours non congruent à cette émotion. Je demande donc à mon interlocuteur une connivence plus complexe, fondée sur une empathie de second niveau : sourire ensemble, ne pas trop être affecté par une mauvaise nouvelle.

La vraie richesse de la communication interhumaine est là. L'empathie n'est pas réduite au seul niveau du cheval (les neurones miroirs), elle concerne au moins autant celle du cavalier. Nous en reparlerons à propos de la magie du rêve.

Il n'empêche, les neurones miroirs et l'imitation représentent les bases, le fondement animal de la relation à autrui.

### LA PREMIÈRE MAGIE À DEUX FONDE LA DEUXIÈME PERSONNE EN NOUS

Cette relation à autrui, lorsqu'elle devient représentable, permet le passage du regard d'autrui à « l'intériorisation d'un regard intérieur », selon l'expression des analystes. Ce regard sera alors un outil nouveau pour la magie de la pensée. Comme chez cet enfant de 8 ans, déprimé, fils unique de parents fortunés voyageurs, qui s'ennuyait tout seul dans le jardin de la maison trop grande pour lui. Il passait des heures à jouer à la balle contre un mur, en imaginant que la petite fille qu'il croisait à la sortie de l'école le regardait marquer un but depuis les tribunes. Il n'allait confier son secret que de nombreuses années plus tard... en thérapie. Comme son cheval souffrait de solitude, son cavalier racontait une histoire à leur couple, pour consoler les deux partenaires. À la concrétude du regard lointain et sécuritaire de la gouvernante, il avait préféré imaginer un regard cajolant et admiratif, héritier du favoritisme maternel. Les psychanalystes diraient qu'il avait « intériorisé » le capital narcissique d'un regard en lui. En empruntant aux neurosciences cognitives, je dirai la même chose, sous une autre appellation : le petit garçon avait intégré un fonctionnement en deuxième personne, suffisamment vitalisé, enraciné dans le fonctionnement émotionnel sous-cortical, pour en faire un outil renforçant de l'imaginaire.

## *Quand le regard a manqué*

Dans les pathologies neuro-développementales graves, telles que l'autisme et la schizophrénie, l'importance des troubles va jusqu'au déficit primaire d'empathie et de partage avec l'autre. Ces maladies sortent du champ de cet ouvrage.

À côté de ces pathologies majeures, on retrouve de nombreux cas où le manque initial dans la relation à l'autre a eu des conséquences développementales « quantitatives », plus discrètes mais délétères. Au sens large, on peut parler de *manque d'affection*.

Dans ce dernier cas, la première relation à deux a permis l'acquisition des apprentissages et la compréhension d'autrui. Mais elle n'a pas fourni le capital d'amour indispensable au plaisir de l'esprit. Tout se passe comme si l'enfant avait reçu la grammaire de la compréhension d'autrui, mais sans que cette compréhension demeure baignée dans la récompense. Revenons à l'exemple de l'enfant qui jouait la piécette de piano devant sa mère. Si cette dernière est indisponible, occupée ou négligente, elle peut vivre la scène comme une obligation ou une corvée. Son enfant intériorisera la situation d'acteur, le regard d'autrui, mais pas l'émotion maternelle de plaisir, habituelle dans ce cas. Si des scènes identiques se reproduisent souvent, l'enfant aura du mal à inscrire la relation acteur-spectateur dans la gamme des émotions positives et des récompenses. Il lui sera alors difficile d'utiliser le regard intérieur comme un outil de renforcement. Les psychanalystes diraient qu'il n'y a pas eu d'intériorisation du regard maternel. Le cavalier aura toutes les compétences intellectuelles du partage, mais pas le moteur motivationnel ni le plaisir fourni par un autre en lui.

Le trouble initial dans les processus d'attachement a créé un cheval sans ferveur, incapable de communiquer de l'enthousiasme au cavalier. Ce dernier connaîtra ses compétences, mais trouvera leur usage désuet. La magie à deux, soi avec soi ou soi avec l'autre, ne fonctionnera pas.

C'est le cas de cette patiente en psychothérapie en face à face. Femme de la quarantaine ; pas déprimée, plutôt désabusée. La psychologie dépressive « comme politique » aurait dit Henri Ey. Mettant sa très vive intelligence au service d'un cynisme obstiné sur les choses de la vie, elle tourne presque tout en dérision. Une vie personnelle assez chaotique. Un ex-mari. Avec lui se réaniment parfois, à propos des enfants, les violences guerrières d'un divorce ancien qui n'en finit pas. Des amants qui se lassent, mais qui donnent de leurs nouvelles, comme s'ils poursuivaient leur étayage. Dehors, dans la ville, on imagine une femme vêtue de l'élégance du silence. En réalité, elle est harcelée par son passé. L'irréparable vient des parents : la froideur, le vide, enrobés de bonnes manières. Le pire est à taire.

La séance commence sur le mode anecdotique, que les patients prennent parfois quand ils veulent signifier : « Je raconte ça parce que je ne sais pas quoi dire. » Il s'agit d'un déjeuner récent à quatre : la patiente, son frère Alain, leur sœur cadette et leur mère. La cadette, Albertine, tient le rôle de la petite dernière, fausse naïve plus que sotte. Elle a quatre enfants. Son aînée découvre à 16 ans les premiers balbutiements des émois amoureux de l'adolescence. Albertine s'en trouve complètement désemparée, presque angoissée. Cette situation nouvelle lui paraît ingérable. Elle dit ne pas savoir comment faire avec sa fille. Les deux aînés, la patiente et son frère Alain, la rassurent, expliquent qu'il ne sert à rien d'empêcher la jeune adolescente de sortir avec ses copains.

Mais plus les détails narratifs affluent, plus je perçois un écart entre le thème anecdotique, presque drôle, de l'événement et l'état émotionnel de la patiente. Le ton est de moins en moins en accord avec le récit. « Tu te rappelles ?, a-t-elle entendu dire son frère Alain, quand nous avions vu le film *Emmanuelle* au cinéma en racontant aux parents qu'on avait été voir un dessin animé. » Les mots sont décolorés. Elle parle mécaniquement, détachée, s'assombrissant alors qu'elle croit rapporter une conversation badine. Le texte est léger, la musique de la voix est fade et douloureuse.

Je me fais la remarque qu'il manque quelqu'un dans le récit, qu'un participant de l'épisode du déjeuner n'est jamais évoqué. *Elle n'est pas là et elle est partout* : la mère. Comme probablement dans la tête d'Albertine, qui doute d'avoir pu apprendre comment on fait quand on est la mère d'une adolescente en ébullition. Albertine ne trouve pas le modèle maternel explicite lorsqu'elle se regarde en deuxième personne. Il n'y a pas le référent auquel s'identifier ou duquel se différencier.

La patiente parle *en creux* (ne parle pas) d'une absence de la mère dans la tête de sa sœur, en fait surtout dans la sienne. C'est cela qu'elle me communique : sa souffrance vient de là, l'évocation de l'absence de modèle. Le récit s'embourbe dans des précisions inutiles, matérielles, sur le déjeuner, qui sont décalées par rapport à la tonalité émotionnelle du propos.

Le temps m'a semblé très long avant que je ne puisse plus empêcher un : « Et votre mère ? » La question était cruelle : avec un masque de tristesse – peut-être y ai-je vu du dégoût –, la patiente répondit, atone : « Ma mère n'a rien dit, ça l'a fait sourire... » Je l'ai vue alors se dévitaliser : ni agressivité, ni révolte, seulement un état de fait, un « subissement ». Rien à dire. Cette mère, sollicitée par une de ses filles sur le comportement que doit avoir une femme avec son adolescente, ne savait pas répondre autrement que par un sourire désuet. Cette mère trahissait à nouveau son cœur diaphane, sa silhouette transparente, la distance derrière la fausse chaleur de la mondaine. La patiente n'avait rien à ajouter, rien à regretter ; c'était comme ça, irrémédiable, définitif.

Tout commentaire eût été gauche, toute consolation dérisoire. Alors je n'ai rien dit, en espérant que, quand même, mon silence divulguerait un partage. Partage d'on ne sait quoi : ce n'est pas simplement une émotion, ce ne sont pas des mots, ce ne sont pas des images. C'est peut-être du rien. Comment fait-on pour partager du rien ?

CHAPITRE 8

# DE MOI À MOI

*Que l'importance soit dans ton regard, non dans la chose regardée.*

André GIDE, *Les Nourritures terrestres*

La magie à deux peut fonctionner chez un individu isolé, en son for intérieur. Ce mécanisme offre un degré de liberté supplémentaire à l'activité psychique. On peut penser sur sa pensée. C'est la deuxième personne en nous, dont nous avons décrit le développement dans le chapitre précédent. Ce jeu intérieur, entre l'acteur et le spectateur en nous, est une des pièces maîtresses du plaisir psychique.

## *Le démêlé intérieur*

L'apparition des neurones et du maillage des terminaisons nerveuses a permis la constitution des premiers réseaux. Ceux-ci contenaient déjà en eux toutes leurs potentialités de développement et de multiplication de leurs interactions par le biais de nouvelles connexions.

Sous la pression de l'évolution, la machinerie cérébrale, initialement dévolue chez les premiers organismes vivants à l'exécution de tâches simples, s'est considérablement perfectionnée et a su trouver les recettes des actions complexes. En multipliant leurs connexions, en se coordonnant, en apprenant à gérer des informations contradictoires, à se moduler, à s'inhiber, à coopérer entre réseaux voisins, à préparer l'exécution de programmes d'action, les systèmes neuronaux sont devenus de plus en plus intelligents.

### L'OUVRIER NEURONAL DEVIENT PATRON

Dès lors il était logique, inéluctable même, qu'avec l'évolution des espèces, cette belle machine cérébrale s'autorise un jour à utiliser ses nouvelles compétences pour d'autres buts que ceux auxquels elle était destinée ; et tente de s'autonomiser, comme un esclave qui s'affranchirait de son maître et prendrait les commandes. L'ouvrier neuronal voulut devenir en même temps patron... Si mes réseaux neuronaux sont de plus en plus performants, ils doivent être capables de faire deux choses à la fois, devenir le patron en plus de l'exécutant.

Avec la même machinerie, à la manière des turbines d'une usine hydroélectrique dont on dériverait une partie de la production pour les éclairer elles-mêmes... Quand je pense que *je* pense, j'éclaire le travail de mes neurones grâce à d'autres neurones, je me sers d'eux pour découvrir le travail de leurs congénères.

Ce jour où l'homme a pu considérer ses actions mentales comme équivalant les événements physiques du monde extérieur, elles lui devinrent familières, *intelligibles*. Comme pour les événements extérieurs, il apprit à les reconnaître (on dit les *catégoriser*). Elles pouvaient alors être l'objet d'attribution d'une valence émotionnelle : pensée utile, bénéfique, ou désagréable, inamicale. Son intelligence pouvant fonctionner en boucle, l'homme est devenu double. Le travail neuronal du moi devenait pensable, conscientisable. En se trouvant soudain en mesure d'observer, d'estimer, d'évaluer son activité de pensée, l'humain est devenu le témoin de l'acteur qu'il était déjà.

### LA PREMIÈRE NÉVROSE REPRÉSENTÉE

Cette capacité humaine de se penser pensant est naturelle et adaptative. Naturelle parce que biologiquement inéluctable avec la croissance du cortex, nous l'avons vu. Elle est aussi adaptative car elle offre un nouveau moyen d'ajustement au monde. Si je peux observer mes actions mentales, m'en distancier, alors je peux les commenter, les évaluer, les modifier.

Mais, revers de cette nouvelle conquête de l'homme, c'est dans cette compétence révolutionnaire qu'on peut aussi trouver les racines naturelles du tourment de l'esprit. Du jour où, au fond de sa grotte, peut-être à l'occasion d'une étourderie pendant qu'il préparait ses outils pour la chasse, l'homme des cavernes fut traversé par son propre regard sur l'une de ses actions. Ce regard contenait déjà un jugement, une opinion, sorte de vague désaccord.

Pour le clinicien, les racines du malaise du névrosé émergent à ce stade de l'évolution. Lorsque est apparu ce premier désaccord, cette tension entre *celui en moi qui fait* et *celui en moi qui le regarde faire*. À peine né, le cerveau magicien s'exposait aux avatars de la vie. L'acteur et l'observateur voulurent chacun revendiquer le rôle de scénariste, comme un spectateur qui monterait sur scène pour changer quelque chose au scénario et pour s'en attribuer le pilotage.

Des millions d'années plus tard, cette mésentente deviendra le pilier des troubles psychopathologiques : un malentendu, une incompréhension, un conflit, parfois une guerre, ou pire encore une rupture.

## *Les gammes temporelles du moi*

Ce jeu intérieur, entre la première et la deuxième personne en nous, repose en particulier sur des mouvements de bascule entre différentes échelles temporelles de l'action. L'activité de pensée a plusieurs temporalités, nous l'avons déjà vu. La rapidité du cheval, cerveau émotionnel, qui assure les fonctions vitales essentielles à l'espèce et préserve l'ancrage dans la réalité. Le *tempo* du cavalier qui oscille entre sa fonction initiale d'organisation et d'anticipation, en prise avec le cheval, et son goût de plus en plus développé pour la pensée associative, pour la digression.

### LA VITESSE POUR LA SURVIE

L'ajustage rapide des réponses a une forte valeur adaptative : la main s'élance à toute allure et s'arrête juste en dessous de l'objet à rattraper. Nous avons déjà évoqué le rôle de la boucle perception-action et celui de la simulation dans cette compétence visuo-motrice.

La nécessité de prendre des décisions et de préparer des réponses rapidement avant d'avoir décodé l'ensemble des informations est décisive pour la survie des espèces. L'oiseau décolle en voyant bouger une ombre avant de savoir s'il s'agit d'un chat ou d'une feuille d'arbre qui tombe. Le processus sous-jacent qui permet cet ajustage rapide est expliqué par la figure qui va suivre. Il s'agit de la mise en évidence, au niveau de l'activité électrique cérébrale, de cette propriété qui consiste à amorcer précocement la préparation de la réponse sans que celle-ci soit encore complètement décidée. Lors d'enregistrements électro-encéphalographiques (EEG), on a montré que la préparation d'une réponse motrice est commencée alors qu'à peine la moitié des caractéristiques physiques du stimulus sont décodées (schéma ci-dessous)

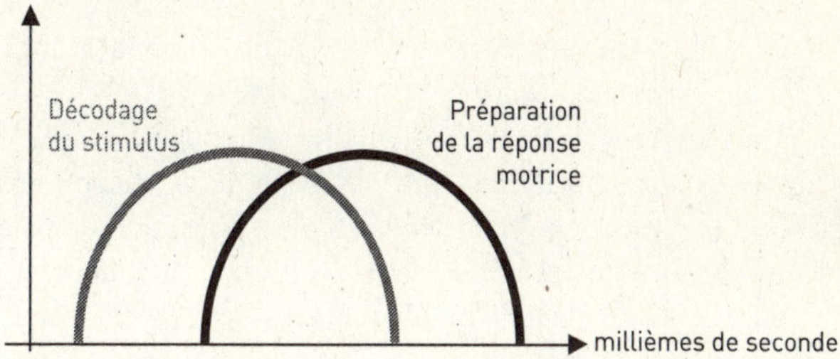


Figure 8.1 – Le schéma montre en fonction du temps les deux étapes successives – sensorielle et motrice – lors d'une réponse à un stimulus :
1) en clair, le décodage sensoriel du stimulus,
2) en foncé, la préparation de la réponse motrice. Remarquez le chevauchement des deux étapes. Il signifie que, pour gagner du temps, le sujet prépare la réponse motrice avant d'avoir analysé l'ensemble de la situation. Il commence à sélectionner un programme moteur alors que la signification et les qualités du stimulus ne sont encore que partiellement établies par les aires sensorielles. Le sujet prend un pari, qu'il confirme ou corrige au fur et à mesure, sur la réponse à effectuer.

Ce cerveau très rapide, anticipateur, est même capable d'exécuter plusieurs tâches à la fois. Afin de vous en convaincre, je souhaiterais vous soumettre à une expérience. Préparez-vous à lire le fragment de phrase écrit ci-dessous ; vous devrez le lire rapidement, le plus spontanément possible. Allez-y :

Figure 8.2

Si vous vous êtes prêté à la consigne, dans la grande majorité des cas, vous aurez lu « THE CAT ».

Cela signifie qu'au même symbole (A vous avez décidé d'attribuer la valeur d'une lettre différente dans chacun des deux mots. Dans le premier, vous en avez fait un H, dans le second, un A. Vous avez pris cette décision – attribuer à un symbole la valeur de telle ou telle lettre – de façon extrêmement rapide, automatique et non consciente.

En réalité, votre cerveau s'est livré simultanément à deux opérations, chacune bien connue, qui correspondent aux deux grandes méthodes d'apprentissage de la lecture : analytique, où chaque lettre est décodée une à une, successivement ; globale, où à l'inverse l'ensemble des deux mots est décrypté.

La particularité du phénomène révélé par l'expérience, c'est que votre cerveau a effectué, simultanément et très vite, les deux types de décodage, parallèlement. Dans un laps de temps trop court pour qu'il puisse en être conscient, il a fonctionné selon un double mode de computation. Cette expérience a été conçue par MacClelland pour montrer que notre cerveau effectue un double travail en parallèle et distribué sur l'information.

La découverte de tels phénomènes a permis de reconsidérer l'anatomie fonctionnelle du cerveau. La structure des aires corticales associatives, s'il était possible de la décrire seulement en termes de connectique, ne rendrait pas totalement compte des propriétés du système nerveux. En particulier, ni les aspects dynamiques concernant des fonctions diverses ni la vitesse d'exécution ne pourraient être expliqués.

Norbert Wiener avait fondé la cybernétique. Walter B. Cannon y avait ajouté la physiologie de Claude Bernard pour créer la biocybernétique. L'informatique fit émerger le connexionisme autour de MacClelland et son équipe, au Massachusetts Institute of Technology. Ils ont pu mettre en évidence le phénomène du traitement parallèle distribué (*parallalel distributed process* ou PDP), c'est-à-dire le mécanisme permettant le traitement simultané de plusieurs types d'informations. C'est ce que vous avez expérimenté dans le test « THE CAT ».

### ON PEUT FAIRE DEUX CHOSES À LA FOIS...

Repensez à ce que vous venez de réaliser. Dans la plupart des cas, le lecteur soumis à cette expérience est surpris, étonné, voire amusé de ce qui vient d'arriver. Il a découvert que son cerveau avait effectué deux opérations à la fois, ce dont il n'était pas conscient. Il vient de toucher du doigt, pour ainsi dire, la pluralité des mécanismes de traitement de l'information qui se sont déroulés en lui. Il croyait qu'il se prêtait à une expérience consistant à lire une suite de lettres. Simultanément, un autre travail, dont nous venons de voir la complexité, s'est déroulé en lui sans qu'il en soit informé. Cette surprise de découvrir des aspects insoupçonnés du travail de l'esprit est déjà un outil de plaisir psychique.

### ...MAIS ON NE PEUT PAS AVOIR DEUX ILLUSIONS À LA FOIS

Voici une seconde expérience, qui porte cette fois sur la perception. Observez la figure ci-dessous :

Figure 8.3

Il s'agit d'un exemple classique, souvent décrit, d'une illusion perceptive structurelle. En principe, on voit d'emblée l'une des deux possibilités : le vase au centre ou bien les deux visages de profil. Spontanément, ou bien si on vous la fait voir, vous trouverez la seconde figure.

Ces illusions induites par des éléments constitutifs de la scène dessinée tiennent à des ambiguïtés. L'explication de ce phénomène réside dans le fait que les indices élémentaires du dessin ne permettent pas de le segmenter de manière univoque. Les relations ambiguës entre la figure et le fond sur lequel elle est présentée font émerger des percepts bistables.

Essayez maintenant de voir les deux figures à la fois, en même temps. C'est impossible. On peut s'amuser à basculer de l'une à l'autre. Si l'on se trouve dans un environnement suffisamment calme, on peut jouer une dizaine de secondes avec sa machinerie cérébrale. Mais on ne peut pas voir les deux images en même temps. C'est un exemple de situation où la conscience est contrainte, subordonnée à des opérations mentales incontrôlables, en l'occurrence perceptives.

## *La deuxième personne en nous*

La magie n'est pas dans l'objet, elle est dans ce qui se passe en nous lorsque nous jouons avec les deux visions possibles. Quand nous faisons ce constat, quand nous pensons « Je joue à basculer d'une figure à l'autre », nous fonctionnons à la deuxième personne en nous, qui s'alimente de l'observation de la première. Nous sommes amusés par un acteur interne.

Cette magie du jeu intérieur entre l'acteur et le spectateur, ce dédoublement entre première et deuxième personne reposent sur le mécanisme de pluralité des points de vue. Lorsqu'on observe ses actions, motrices ou mentales, on peut se positionner en première personne (comme avec ses propres yeux) ou en deuxième personne, c'est-à-dire en se plaçant mentalement à l'extérieur de soi, orthogonalement, pour s'observer[1].

C'est un des instruments de la magie : avoir la représentation de l'échange dans le théâtre intérieur de sa tête. Deux, moi et un autre en moi, d'autres. Ceux qui m'ont aimé, ceux qui m'ont fait. Nous avons vu au chapitre précédent que les fondements initiaux de la relation à autrui permettaient l'« intériorisation d'un regard intérieur »,

1. La distinction première/deuxième personne est une application du phénomène plus général de changement de point de vue. Il y a deux points de vue en cognition spatiale, égocentrique et allocentrique.

selon l'expression des psychanalystes. Pour que ce fonctionnement intérieur à deux ait une valeur adaptative en procurant du plaisir psychique, il doit être suffisamment vitalisé, enraciné dans le fonctionnement émotionnel sous-cortical.

## QUAND L'ACTEUR SURPREND LE SPECTATEUR

C'est le cas lorsque la magie prend le caractère d'une surprise. On peut s'étonner à propos de son fonctionnement mental : « Tiens ! c'est curieux, c'est la troisième fois que j'ai mon frère au téléphone et que j'oublie de lui parler de la préparation du dîner d'anniversaire de notre mère. » Ce mode instantané sous-tend la magie de la surprise, et suscite de la curiosité. C'est ce que les psychanalystes appellent un moment d'*insight* : lorsque le sujet découvre, comme une étincelle, quelque chose d'insoupçonné jusque-là dans les actions qu'il effectuait.

On peut programmer un ordinateur pour qu'il soit « intellectuellement » surpris par des opérations qu'il est en train de réaliser. Mais la surprise est une émotion, *humaine*. L'ordinateur pourra seulement prendre acte de l'événement imprévu, avec la même indifférence opératoire que pour les autres tâches qu'il effectue, « sans les tripes ». En revanche, la réaction humaine comporte une participation du corps émotionnel qui active le système de récompense. Ce qui est magique, c'est le frisson de la surprise. *Le cheval et le cavalier sont bluffés ensemble.*

Cette surprise peut concerner la découverte de comportements inconscients plus complexes. Une patiente, pensant rejoindre son ami chez lui à l'heure du thé, se rend compte au moment de sonner à la porte qu'elle s'est rendue chez son analyste. Elle est partie de chez elle. Elle a fait un trajet de vingt minutes en métro, en choisissant une autre ligne que celle qui conduit chez son ami. Elle a marché, traversé des rues dans un tout autre quartier. Et ce n'est qu'en arrivant au pied de l'immeuble de son psychanalyste, comme si c'était le jour de sa séance, qu'elle a compris son acte manqué. Cet obscurcissement prolongé de la conscience pose la question d'un état neurophysiologique particulier, proche de l'onirisme[2].

## L'ÉCLAIR ET LE PHARE

À l'opposé de ces éclairs qui ont valeur de surprise et donc d'émotion positive, les accès prolongés ou récurrents ne provoquent pas de décharge émotionnelle[3] : « J'ai moins de mémoire qu'avant. » Ils peuvent être pénibles par leur caractère contraignant : « Je n'arrive pas à travailler », ou : « Il faut que je paie les impôts locaux. » À l'extrême, ils confinent à la rumination.

Les cognitivo-comportementalistes ont insisté sur ce regard régulier sur soi, comme un phare dont la rotation éclairerait périodiquement la conscience. C'est à leur propos qu'Aaron T. Beck a décrit la différence entre points de vue en première et deuxième personne qu'il nommait « deux systèmes de pensée » : « Un est dirigé vers les autres et, lorsqu'il est exprimé librement, il se compose de sentiments et de pensées que l'on peut communément communiquer aux autres. Le second mode de pensée est apparemment le

---

2. « Refoulement en situation » conviendrait mieux que « inconscient ». Cette question a été abondamment développée par Lionel Naccache. Décrivant en détail nombre des mécanismes automatiques, non conscients, il a argumenté l'hypothèse que la découverte freudienne portait en fait sur la conscience. Et non pas sur l'inconscient qui ne serait le fait que d'un travail cognitif implicite.

3. Dans notre laboratoire, l'équipe de P. Fossati a pu montrer que la distinction acteur-spectateur était aussi modulable par la référence à l'histoire personnelle, c'est-à-dire la mémoire autobiographique. L'hippocampe serait activé de façon particulière lorsque le sujet se met dans la situation de l'acteur, c'est-à-dire lorsqu'il privilégie le point de vue en première personne. Ces données sur l'hippocampe ne sont pas encore publiées.

*mode autosignalant*. Il consiste en autosurveillance, auto-instructions et auto-avertissements. Sa fonction est la communication avec soi-même plutôt qu'avec les autres. » Ce pionnier des thérapies cognitives voulait signaler l'importance de « reconnaître les erreurs dans la façon dont les patients interprétaient leurs expériences, faisaient des prédictions et formulaient des plans d'action ». Il pointait par là l'origine de croyances erronées du sujet sur lui-même, négatives, ou dévaluées.

## *Resynchroniser le cheval et le cavalier*

Un patient a débuté depuis peu une psychothérapie. Il arrive remonté contre lui-même à sa séance. « Je suis en vacances depuis déjà quatre jours, et je n'ai encore rien fait d'intéressant, j'ai traîné, fait des siestes... », dit cet enseignant éreinté par une année de travail. « Je voulais voir deux films, lire un livre et je n'ai rien commencé », ajoute-t-il. Le thérapeute lui répond : « C'est parfois agréable de ne rien faire, les vacances c'est fait pour récupérer... » Le patient est éberlué, presque offusqué de la réponse, comme si le thérapeute n'avait rien compris : « Vous n'êtes pas médecin généraliste, vous êtes psychanalyste ! »

Figé dans une dénégation de ses besoins physiologiques, il se coupe en deux, suivant une dérive dualiste. Il veut croire que s'il fait la sieste quand il est fatigué, c'est seulement le fait d'une mauvaise volonté, d'une défaillance de sa pensée. Il est victime d'une fausse croyance à propos de la toute-puissance de son esprit. Ce dernier est en fait aussi lent et fatigué que son corps, c'est pour cela qu'il a besoin de dormir.

La puissance qu'il prête à sa pensée est à la hauteur de la tyrannie qu'il exerce à son propre égard. À contre-pied des attentes du patient, la remarque du thérapeute visait à réintroduire la réalité physique. On pourrait dire que le cheval éreinté a imposé ses besoins de récupération au cavalier, même si celui-ci voulait penser qu'il était increvable. Il arrive que les sujets confondent les manifestations du corps avec celles d'une deuxième personne en eux[4].

## *Le virtuel : les pieds sur terre*

Les nouvelles technologies de l'information et de la communication prennent une place croissante dans notre société. En particulier, les techniques de réalité virtuelle sont de plus en plus répandues dans les pratiques sociales des adultes et des enfants, sous forme de jeux vidéo, de techniques éducatives ou de nouveaux outils professionnels. Le fait, pour l'individu, d'interagir avec des intelligences non

4. La *Mindfulness Based Cognitive Therapy*, traduit en français sous le terme de « thérapie fondée sur la pleine conscience », est une approche de groupe développée par Zindel Segal, John Teasdale et Mark Williams. Elle a été conçue initialement pour prévenir les rechutes des patients en rémission d'une dépression récurrente. L'idée en est que la survenue d'un état de tristesse transitoire peut précipiter chez les patients qui en ont déjà eu plusieurs, une spirale de pensées négatives acquises lors des épisodes dépressifs précédents. Cette spirale peut conduire à la rechute. La MBCT vise la prise de conscience de ce mode soudain de fonctionnement de l'esprit et favorise la construction d'une nouvelle attitude à l'égard de ces pensées et de ces émotions. Elles sont alors perçues comme des événements mentaux, indépendamment de leur contenu et de leur charge émotionnelle. Au plan psychologique, ce programme incorpore un maniement de la temporalité par le biais de la méditation. Cette dernière aide à se concentrer sur le présent, et à mettre à distance les ruminations négatives. En même temps, on entraîne le sujet à rediriger son attention sur le moment présent, sur la corporalité de son expérience de l'instant.

humaines, ou avec un monde virtuel représenté, constitue un nouveau cap évolutif pour l'espèce humaine.

En même temps, ces technologies offrent au psychiatre un champ thérapeutique nouveau, dont les possibilités restent encore mal cernées. Initialement réservées au traitement des phobies, elles connaissent chaque année de nouveaux domaines d'application : traitement des distorsions de l'image du corps dans l'anorexie mentale et maintenant dans la schizophrénie, acrophobie ou peur des hauteurs, peur de tomber chez les personnes âgées ou dans les maladies neurologiques. Elles sont appelées à connaître un très grand développement.

Les pionniers voyaient dans la méthode un moyen commode d'exposition du sujet aux situations phobogènes sans quitter le cabinet du praticien pour aller s'exposer *in situ*. Certains, tel Jean Cottraux, considéraient même la réalité virtuelle comme des TCC avec une aide supplémentaire pour les sujets qui ont un déficit d'imagerie mentale. Mais ces nouvelles méthodes ne se réduisent pas à une imagerie substitutive, comme dans le cas du cinéma ou des vidéos. Elles ont des propriétés spécifiques, en particulier l'interactivité entre le sujet et l'environnement virtuel.

Tous les dispositifs sont fondés sur une interaction avec le monde physique présent par le biais de capteurs de mouvements (voir figure). Par définition, la réalité virtuelle comporte une interaction entre l'individu et le monde virtuel présenté. C'est la différence avec le cinéma et la vidéo, où les images présentées sont indépendantes des mouvements du sujet sur son fauteuil. Dans la pratique de la réalité virtuelle, l'ordinateur reçoit en permanence des informations sur les mouvements du sujet par le biais des capteurs de position, situés sur les membres ou la tête. Il modifie en conséquence les images qu'il renvoie dans le casque. Si le sujet tourne la tête, par exemple, l'environnement virtuel présenté dans le casque se modifie immédiatement, en fonction de l'amplitude de la rotation de la tête. Cela a pour conséquence une inscription permanente de l'individu dans le monde réel et dans le temps présent.

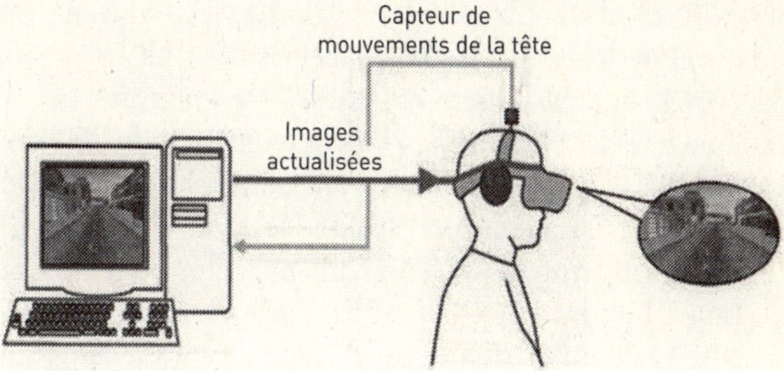


Figure 8.4

RECALIBRER LE CORPS ET L'IMAGINAIRE

L'un des outils de l'imaginaire consiste à nous dispenser des contraintes physiques du réel, en particulier spatiales et temporelles. En moins d'une seconde, je peux simuler un plongeon dans l'eau d'une mer chaude où j'étais l'an dernier ou bien encore partir faire du canoë sur les lacs québécois. Le cavalier se lâche, en se détournant du cheval, même si celui-ci continue de veiller. Mais ce charme limite l'accès à l'imaginaire dans les thérapies. Certains patients délaissent trop leur réalité somatique et émotionnelle en effet, comme l'enseignant épuisé qui s'insurgeait de dormir au début de ses vacances.

Les techniques de réalité virtuelle ont la particularité de maintenir la perception du corps et de ses mouvements pendant l'activité de l'imaginaire. Être immergé dans un casque dont les images dépendent de ses mouvements est une garantie contre la désertion du monde réel, en particulier des aspects physiques et temporels de la réalité. À l'extrême, il n'y a pas de situation qui rappelle plus le réel que les environnements virtuels.

C'est l'un des intérêts essentiels de ces nouvelles techniques. C'est d'ailleurs pour cette raison que, souvent, lors de la première séance, les sujets déclenchent des réactions végétatives qui peuvent aller jusqu'à des nausées ou des maux de tête. Le corps reste présent dans l'activité de l'imaginaire[5]. La réalité virtuelle devrait s'appeler « imagination virtuelle »...

Cette inscription de l'activité psychique en interaction avec le corps fait office de parapet pour éviter de verser dans la déréalisation. À trop déserter la réalité concrète, on dépasse une limite au-delà de laquelle les jeux de l'esprit peuvent entrer dans une spirale infernale. On peut se demander si la folie bancaire récente et le dérapage des traders ne sont pas un exemple d'une telle dérive. On peut acheter ou vendre des noisettes qu'on voit dans un panier. À partir du moment où on peut les vendre ou les acheter sans qu'elles existent physiquement, l'esprit peut facilement déraper. Un autre exemple de cette nécessité de conserver une inscription dans le monde de la réalité physique réside dans les dangers de la e-communication.

5. Riva qualifie la réalité virtuelle de « technologie *embodied* » à cause des effets qu'elle provoque sur les perceptions corporelles [Riva, 2008]. L'utilisateur devient en effet conscient de son propre corps pendant la navigation (du fait, par exemple, que les mouvements de la tête modifient ce qu'il voit dans un casque). Selon l'approche de la cognition *embodied*, le corps joue un rôle central en modelant l'esprit. Il s'agit d'aborder l'esprit dans la façon dont le corps physique interagit avec le monde. Ainsi, la cognition humaine, plutôt qu'être abstraite et indépendante de tout module d'*input* et *output* périphérique, aurait ses racines dans le processus sensori-moteur.

## *Quand l'informatique rend malade : la e-addiction*

Les nouvelles technologies de la communication confrontent les individus à des situations d'échange qu'ils n'avaient jamais connues auparavant. La nouveauté tient à ce que l'espace et même le temps (en l'absence de communication vidéo) deviennent compressibles : on peut *chatter* à la fois avec un partenaire en Australie et un autre à Avignon. On peut faire croire à chacun des deux qu'on est seul en conversation avec lui. Il suffit d'avoir une bonne vitesse de frappe sur le clavier et de gérer cette alternance rapide. Mais nos cerveaux n'y sont pas préparés.

Juliette, 40 ans, mariée et mère de deux enfants, est atteinte d'une forme actuellement mineure de sclérose en plaques. Elle a participé à un groupe de psycho-éducation sur cette maladie chronique qui peut être très évolutive. De ces séances de groupe, elle retient qu'il faut profiter de la vie tant qu'on le peut encore : « On peut finir dans un fauteuil roulant... »

Ayant jusqu'alors mené une existence plutôt sage, elle décide d'introduire de l'imprévu dans sa vie et de s'autoriser des rencontres qu'elle qualifiait au début de « virtuelles » : elle va s'initier aux sites de rencontres sur le Web. Très vite, elle devient coutumière et s'étonne de ses audaces : « On tutoie des gens qu'on n'a jamais vus ! »

Au début, elle est stimulée, émoustillée par ces échanges, puis surviennent des péripéties : des rendez-vous ratés ou décevants, la désillusion lors de l'atterrissage dans le réel. Juliette décide alors de se contenter de web-rencontres, mais en poussant la besogne à l'extrême. En quelques semaines, elle noue des relations avec trois amants virtuels sur deux sites différents.

La patiente décrit très bien le piège où elle est progressivement tombée. L'excitation du début, les jeux de séduction, l'ébauche de liens, l'ivresse de la toute-puissance (« si Alain n'est pas là, je me connecte avec Paul... »). Cette phase a vite été relayée par l'angoisse, jusqu'au sentiment d'étrangeté identitaire. De qui voulait-elle tomber amoureuse ? Qui était elle ? Celle qui s'ennuie de Paul, ou celle qui voudrait parler à Alain ? Dans le monde réel, on ne peut pas dîner ou converser intimement avec trois amants en même temps, ni même deux. Sur Internet en e-chat, c'est possible. À trop jouer qu'elle était triple, la patiente a développé une angoisse de dépersonnalisation, à la limite de l'*attaque de panique* : à plusieurs reprises dans la rue, elle a, pendant de courts moments, éprouvé un début de déréalisation : un sentiment d'irréalité avec des transformations de l'environnement perceptif.

Il est intéressant de noter le contraste entre la facilité d'adaptation cognitive et le malaise psychoaffectif. Au plan technique, intellectuel, la patiente était parfaitement capable de converser avec trois amants virtuels à la fois, c'est son cœur qui n'y a pas résisté ! À l'inverse de la réalité virtuelle, il n'y a plus dans l'e-chat d'inscription de l'interaction dans la réalité physique. L'absence de capteurs laisse le filin du corps de côté.

C'est une occasion supplémentaire de remarquer que malgré (ou à cause de) la performance de nos cerveaux, nous ne pouvons pas faire n'importe quoi sans conséquences pour notre équilibre mental. Le cavalier, parce qu'il en a les capacités computationnelles, est capable de feindre de croire qu'il est doué d'ubiquité, mais le cheval s'alerte de la menace dissociative. La cohérence entre les deux complices est nécessaire au sentiment d'identité[6].

6. On peut supposer que la menace de dépersonnalisation de la patiente est née d'une désynchronisation entre la première et la deuxième personne en elle.

Plus légère est l'histoire d'un autre patient, plus manipulateur et moins authentique, qui s'accommode mieux de son addiction aux e-rencontres. Il a seulement connu des déboires liés à une erreur technique, peut-être un acte manqué... Alors qu'il se livrait à un double dialogue simultané avec deux web-amoureuses à la fois, il a écrit « *I love you Natacha* » à Maria la Portugaise. Il a eu le plus grand mal à rattraper sa gaffe...

CHAPITRE 9

# L'ŒIL

*Pour connaître les hommes, il faut les voir agir.*

Jean-Jacques ROUSSEAU

En décrivant les mécanismes de développement du soi, en particulier l'imitation et le jeu entre imiter et être imité, nous avons constaté l'importance du système visuel aux premiers stades de la communication. Nous avons appréhendé le système miroir comme support d'une empathie de bas niveau, entre chevaux sans cavaliers. Nous venons de voir les avatars et aussi les possibilités thérapeutiques qui découlent d'une manipulation informatique de ces niveaux corporels de la communication.

Ce chapitre aborde un niveau plus « élevé » du système visuel : celui qui concerne le contrôle des intentions d'autrui à travers son regard. Nous verrons divers aspects, pathologiques et physiologiques, de ce mécanisme central consistant à détecter dans les yeux de l'autre ses intentions. Enfin, nous évoquerons deux cas très particuliers, ceux du lien amoureux et de la scène psychanalytique.

### L'ARME DU REGARD

Juliette termine son cursus à Sciences Po. Bientôt 24 ans. Une première psychothérapie il y a six ans, elle connaît la musique... Elle est grande, très grande. Mais, en la voyant, on ne pense pas automatiquement à une basketteuse. Elle dit que sa taille l'a fait souffrir enfant, surtout vers 11 ans, quand elle dépassait d'une tête toutes les élèves de sa classe. Elle en a gardé un souvenir de honte, de moqueries : les enfants peuvent être cruels.

Dans une étude récente, Antoine Pélissolo a montré que la grande taille était souvent associée à une anxiété sociale. L'interprétation repose sur l'effet d'attraction du regard de l'autre, comme pour d'autres différences physiques, par exemple, les tremblements dans certaines maladies neurologiques. Dans cette étude, l'impact de ce sentiment de différence par rapport à la norme est encore plus net chez les femmes, puisque 41 % d'entre elles présentent une phobie sociale sévère, contre seulement 9,5 % des hommes. On peut supposer que c'est lié à certains stéréotypes sociaux qui valorisent la grande taille plus facilement chez l'homme que chez la femme.

J'ai connu cette patiente pour une dépression associée à une augmentation de sa consommation d'alcool. Son épisode dépressif s'est résolu en un mois avec un traitement antidépresseur, mais elle a gardé une crainte de devenir alcoolique. Nous convenons d'une consultation une fois par semaine, tout en sachant que, quelque temps plus tard, elle partira pour un stage de six mois à Berlin. Nous poursuivrons donc selon une modalité qui va probablement se répandre assez vite et que nous appelons au laboratoire une e-thérapie : à la même heure, le même jour, nous aurons une web-séance par Internet de quarante-cinq minutes.

Passé les premières minutes, nous nous sommes habitués à ce nouveau cadre thérapeutique. Mais ma maladresse informatique étant tenace, je mettrai quinze jours à connecter ma webcam, de sorte que nous aurons deux premières séances réduites à la seule communication audio. Chaque fois, la patiente insista pour m'expliquer la manœuvre, disant qu'elle était très gênée par l'absence de vision. À la troisième séance enfin, les webcams étaient simultanément connectées, mais une fausse manœuvre me fit éteindre la mienne, si bien que, pendant quelques secondes, je voyais la patiente qui ne me voyait pas. « Cliquez en bas à droite, cliquez en bas à droite sur le logo de la caméra ! », me dit-elle, à la limite de la crise d'angoisse.

Le problème technique résolu, elle commenta son anxiété : « Je ne peux pas me laisser aller à associer librement, à imaginer, si je ne vois pas mon interlocuteur. » Je n'ai pas eu besoin de l'aider pour qu'elle formule une hypothèse développementale très vraisemblable. Sa haute taille dans l'enfance l'a rendue sensible au regard des autres, et elle a mis en place une stratégie de réassurance par sa propre vision. À choisir, elle préfère le défi oculaire. En cela, elle n'a pas de vraie phobie sociale, celle dont l'évitement oculaire est le symptôme cardinal. Elle a su gauchir, développer à l'extrême une compétence adaptative normale comme stratégie contre la peur du regard d'autrui : surveiller les yeux de ses interlocuteurs.

## *La vision : premier système d'alerte*

Nous avons vu l'importance du système d'alerte et le rôle central qu'y joue l'amygdale comme gendarme attentionnel des différentes entrées sensorielles. Parmi ces dernières, la principale, chez l'homme, est la vision. L'évolution a fait de nous des êtres essentiellement visuels.

L'une des explications de la phobie sociale invoque les modèles éthologiques de fixation oculaire comme menace d'un prédateur envers sa proie. Dans le développement cérébral, autour du huitième mois, différents noyaux amygdaliens acquièrent des compétences nouvelles : la distinction visage familier/non familier (source de l'angoisse de l'étranger chez le nourrisson à cet âge) et la capacité à détecter l'intentionnalité dans le regard de l'autre (si un autre regarde un objet, il compte s'en servir ; s'il me regarde, il s'intéresse à moi ou peut vouloir s'en prendre à moi).

Comme l'amygdale reste immature pendant les premières années, elle présente une très grande plasticité neuronale. Certains font l'hypothèse que des stress précoces répétés pourraient faciliter de manière excessive les relations de ces noyaux amygdaliens avec ceux de l'alerte et de la peur. Cette communication facilitée installerait un mécanisme physiopathologique fondé sur l'équation « yeux = danger », conduisant au réflexe d'évitement oculaire. Cette hypothèse n'a pas été démontrée.

## UN DÉCODAGE ÉMOTIONNEL PRÉCOCE

Autre héritage des mammifères, il existe une facilitation perceptive pour l'information visuelle lors de la présentation de stimuli émotionnels. On l'a très bien étudié pour les visages. La présence d'un contenu émotionnel serait codée, au niveau du cortex visuel, avant l'identification précise des stimuli. La reconnaissance des visages, au sens de la catégorisation (« c'est un visage humain »), s'effectue environ 170 millisecondes après l'apparition du stimulus, comme en témoigne une onde d'électroencéphalographie et de magnétoencéphalographie. En effet, dans le lobe temporal, il existe une zone, le gyrus fusiforme, qui s'active électivement lors de la reconnaissance d'un visage.

Mais, lorsqu'on compare la présentation d'un visage neutre à un visage exprimant une émotion, dès 100 millisecondes on peut déjà repérer une onde d'activation au niveau du cortex visuel primaire. Autrement dit, dans les aires visuelles, le codage émotionnel précède le codage de l'identité. Si une personne me fait un sourire, je détecte l'émotion 70 millisecondes avant de savoir qu'il s'agit d'un humain et non pas d'une lampe avec un abat-jour !

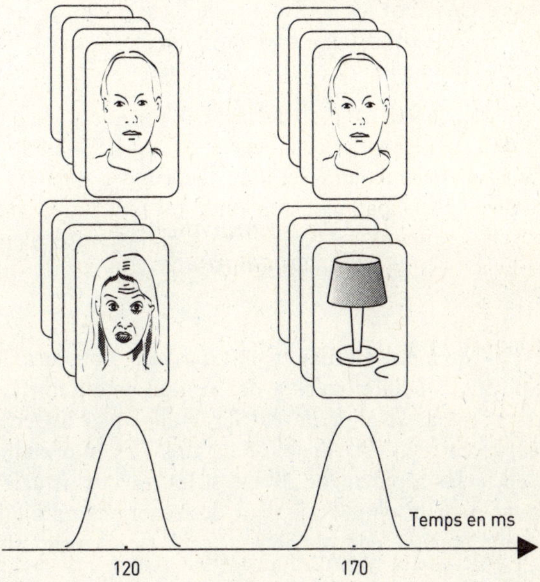


Figure 9.1

Ce résultat montre que l'émotion agit à un niveau précoce de l'intégration perceptive visuelle. On reconnaît la présence d'émotion avant de savoir qu'il s'agit d'un visage humain !

Les réseaux sous-corticaux semblent très impliqués dans la facilitation perceptive émotionnelle. Des études démontrent l'activation de l'amygdale en l'absence de conscience visuelle ou lors de la présentation de stimuli émotionnels dans un champ cortical visuel aveugle. En dépit de la destruction de son cortex visuel primaire, qui entraîne une absence de vision consciente, un patient peut, inconsciemment, discriminer les expressions émotionnelles faciales. Dans ce cas aussi les activations de l'amygdale varient en fonction de l'expression émotionnelle de ces visages. Cette capacité résiduelle de « vision aveugle » s'accorde avec l'idée d'une voie visuelle sous-corticale.

## *Une communication non verbale rapide*

Des données similaires ont pu être obtenues lors d'expositions subliminales à des stimuli émotionnels, en particulier par l'équipe de Patrick Vuilleumier à Genève. Ainsi, le cerveau est capable de traiter des informations visuelles très rapidement. Même si les travaux actuels ne portent pour la plupart que sur des émotions mimiques, on peut étendre ces phénomènes au cas des émotions gestuelles.

Ce mécanisme ultra-rapide pourrait être l'un des outils de la communication non verbale. La figure ci-dessous présente le découpage en images successives d'un film montrant un père qui fait entrer sa petite fille dans la classe de l'école maternelle, quelques jours seulement après le début de l'année.

Figure 9.2 – D'après Ross Buck.

Si l'on regarde le film à vitesse normale, on voit le père ouvrir la porte, l'enfant entrer dans la classe et le père refermer la porte. En passant le film beaucoup plus lentement, presque image par image, on découvre des mouvements qui n'étaient pas perceptibles à vitesse normale. Ils ont un sens social, puisqu'on voit la petite fille à peine entrée dans la classe se retourner vers son père ; celui-ci relâcher alors la poignée de la porte pour repousser l'enfant d'un signe de la main ; la petite fille faire alors demi-tour pour rejoindre sa place dans la classe.

On a tendance à considérer que ce type de communication joue un rôle dans l'échange de signaux élémentaires entre humains. Il s'agit d'une communication automatique, très rapide et non consciente. Elle serait pilotée par le cortex préfrontal dont nous avons vu l'implication dans la vie émotionnelle. Lorsqu'on ressent à propos d'un sujet un sentiment confus de perplexité, qu'« on ne le sent pas », il est possible que cela tienne à des perceptions non conscientes de désynchronisation émotionnelle infraliminale avec lui.

## *Le lien amoureux*

C'est aux travaux d'Andreas Bartels et Semir Zeki qu'on doit une nouvelle recherche en imagerie cérébrale des deux états amoureux chez l'être humain, l'amour romantique et l'attachement maternel.

Ils ont pu déterminer quels réseaux neuronaux étaient sollicités par la présentation de photographies des personnes aimées comparées à des proches familiers. Et lesquels étaient activés lorsque les mères voyaient leur propre enfant plutôt qu'un autre du même âge connu d'elles. Dans le cortex, l'activation était réduite à l'insula interne et une partie de la circonvolution du corps calleux. L'activité sous-corticale était importante et concernait diverses régions[1]. Parmi celles-ci retenons les régions dopaminergiques et la substance grise périaqueducale où siègent les récepteurs à l'ocytocine. Cette hormone joue un rôle majeur dans les processus d'attachement. De nombreuses études neuro-endocrinologiques, cellulaires et comportementales ont été conduites sur différentes espèces de mammifères, pour déterminer les mécanismes biologiques des processus d'attachement. Dans de très nombreuses

1. L'activation concernait les régions suivantes : putamen et pallidum, tête du noyau caudé, locus niger et régions sous-thalamiques. En outre, une activité s'observait dans la partie postéro-ventrale du thalamus et dans une région recouvrant partiellement la substance grise péri-aqueducale (SGPA) du mésencéphale, dans le cas du lien maternel. L'activité dans le mésencéphale chevauchait également la formation réticulée, le locus cœruleus et les noyaux du raphé.

espèces, des rongeurs aux primates, elles ont pu mettre en évidence le rôle de deux neuro-hormones, la vasopressine et l'ocytocine, dans la formation et le maintien de l'attachement entre individus. Fait intéressant, les mêmes neuro-hormones sont impliquées dans l'attachement entre la mère et l'enfant (dans les deux sens) et dans la formation d'un couple durable entre adultes.

En bref, l'amour maternel et l'amour romantique activent l'insula, les noyaux gris centraux dopaminergiques et le système d'attachement à ocytocine. On a pu croire que nos sentiments n'étaient que des états psychologiques, héritage anobli d'une sensualité phylogénétiquement périmée. Les neurosciences renversent cette conception. Qu'il s'agisse des sensations, des sentiments, des mécanismes fondateurs de l'affectivité et du lien, tous se fondent sur les structures profondes de notre cerveau, les plus émotionnelles, les plus animales. L'exemple des réseaux activés dans les situations de liens amoureux et maternels montre bien que le substrat biologique de l'attachement est dans le cheval et pas dans le cavalier.

## L'AMOUR EST AVEUGLE

Un autre phénomène important a été mis en évidence par ces expériences : la désactivation de certaines zones cérébrales lors de la confrontation à l'objet d'amour. Le profil des désactivations offrait une grande similitude pour les deux types de liens et affectait diverses régions[2]. J'insisterai sur deux d'entre elles, le sillon temporal supérieur (STS) et l'amygdale.

---

2. Le profil typique de désactivations était bilatéral ; celles-ci concernaient principalement le cortex préfrontal médian, la jonction pariéto-occipitale, le sillon temporal supérieur, les lobes temporaux et la région amygdalienne. Il comprenait également la partie postérieure de la circonvolution du corps calleux, le cuneus interne.

Le premier est impliqué dans la distinction soi *versus* autrui. Nous avons vu à propos des neurones miroirs que nous pouvions simuler l'autre. Le risque alors est qu'on puisse croire qu'on est l'autre, se confondre avec lui. Le STS aide à nous rappeler qu'on est soi, à nous protéger de la dépersonnalisation. Il est assez fascinant de remarquer que, dans l'état amoureux, il existe une désactivation de cette région responsable de la distinction d'avec l'autre.

Quant à l'amygdale, nous avons vu son rôle dans le système d'alerte. Ainsi, l'amour romantique et l'amour maternel entraînent une inhibition de l'activité dans les mécanismes neuronaux associés à la distinction avec autrui et à la surveillance, au maintien sur ses gardes. Insistant sur cette diminution des mécanismes d'alerte sociale, Bartels et Zeki parlent de « réseaux de l'abandon amoureux ».

En recoupant l'ensemble de ces résultats, on peut d'abord souligner qu'il n'y a pas une région propre à l'amour dans le cerveau. L'amour consiste dans une combinaison subtile et très spécifique d'activations des instincts primaires du lien et de l'attraction sensuelle avec une désactivation du cortex préfrontal et des zones de méfiance et d'alerte.

Outre le lien amoureux, une autre situation implique une proximité affective, mais seulement psychique, *sublimée*. C'est la cure psychanalytique.

## LE COUP DE GÉNIE DU DIVAN

À l'issue de ce chapitre sur l'importance du système visuel dans l'échange, nous allons voir une condition très particulière où la communication est dépourvue d'informations visuelles : la cure psychanalytique « type », sur le divan. On oublie souvent que l'ensemble de la métapsychologie freudienne s'est développé à partir de cette pratique clinique tout à fait originale.

Comment Freud a-t-il eu cette intuition géniale d'allonger les patients et de renoncer à la vision en face à face ? Le médecin ou l'infirmière, d'ordinaire, sont face au patient alité. L'ami confident est en face de moi au café. Les yeux de l'amour sont les premiers à l'œuvre. Nous venons de voir le rôle de notre système visuel dans la communication, en particulier dans les situations d'attachement et la surveillance du monde. La pratique du divan court-circuite la fonction de décodage des intentions de l'autre par l'observation de son regard.

Cette situation instaure une intimité comportant des conditions neurophysiologiques très spécifiques. Il n'existe pas d'autre exemple dans la nature de situation où se développe une telle proximité psychique, « affective », sans aucun échange émotionnel ni par le regard, ni par le geste, ni par le toucher. Au contraire de l'échange interhumain naturel, on se trouve dans un monde unimodal, ou en tout cas paucimodal[3]. Le patient ne voit que le plafond, peu susceptible d'activer son système d'alerte. La communication non verbale, que nous venons de voir, est supprimée. La position horizontale met le système vestibulaire au repos. C'est une situation neurophysiologique exactement opposée à celle de la réalité virtuelle que nous avons décrite. Le système moteur n'a plus aucune finalité de déplacement, plus aucune *intention*. Ne demeurent que de rares mouvements automatiques : croiser ou décroiser les jambes, se tenir les mains... Tout l'héritage du bercement se trouve déconnecté. C'est une communication où le système des neurones miroirs est désactivé. L'empathie de bas niveau, animale, est supprimée, privilégiant les échanges d'intentions entre cavaliers.

3. Les modalités sont les canaux sensoriels : la vision, l'audition, l'odorat...

L'analyste peut enregistrer l'ensemble du contexte sémantique sans être parasité par le partage émotionnel visuel. Tandis que le patient, aidé par le divan et le plafond qui relâchent un peu la surveillance amygdalienne, peut plus facilement se livrer à la libre association d'idées.

Figure 9.3

On ne tourne pas le dos au patient, on est derrière lui, on regarde à angle droit, dans le vide, comme le patient fixe le plafond. Tout se passe comme si, ensemble, on regardait l'écran virtuel où se projette l'imaginaire du patient. Cette disposition instaure un type de communication tout à fait particulier[4], aussi bien au plan de la nature des informations recueillies qu'à celui des interventions à visée théra-

4. On pourrait en rapprocher la confession où le pécheur et le confesseur ne se voient pas, étant séparés par une grille. Mais la position agenouillée, à l'inverse du divan, est un exercice d'équilibre qui active le système vestibulaire et donc maintient l'éveil corporel.

peutique. De la signalétique émotionnelle darwinienne, il ne reste plus que la prosodie, la musique de la voix. Il y a une facilitation de l'activité de simulation aux dépens des actions motrices. L'adage de l'analyse « on peut tout dire, mais on ne peut pas tout faire » est ainsi encouragé.

Cette facilitation de la métacommunication par la neutralisation des échanges visuels n'est pas sans danger pour les malades atteints de pathologies neurodéveloppementales graves. Il est connu depuis longtemps qu'allonger un schizophrène sur un divan le fait délirer. Chez ces patients, il est probable que le maintien d'une activité des neurones miroirs est nécessaire pour éviter la dépersonnalisation et l'augmentation de l'activité délirante. À la grande époque de la psychanalyse institutionnelle en hôpital psychiatrique, Paul-Claude Racamier, dans *Le Psychanalyste sans divan*, avait montré que la conservation de la communication visuelle était l'un des principaux aménagements nécessaires pour appliquer la pratique psychanalytique aux schizophrènes.

Je pense qu'un bon nombre de malentendus entre les camps théoriques, de faux procès, de difficultés à comprendre l'héritage psychanalytique sans le réduire ni le caricaturer, tiennent à cet oubli : la métapsychologie freudienne s'est construite à partir d'une communication sans le regard.

L'ensemble de la théorie de l'appareil psychique est issu d'observations cliniques recueillies pour la plupart dans la situation très particulière du divan. Freud y avait vu un aménagement facilitant la pensée associative. Les neurosciences cognitives viennent éclairer cette intuition. Il s'agit d'un état de déafférentation fonctionnelle du système d'alerte.

Si, un jour, il devient méthodologiquement possible de faire l'imagerie cérébrale de la cure psychanalytique, je ferais bien le pari qu'elle mettra en évidence, outre bien sûr l'inactivité du système miroir, le même apaisement du système d'alerte, une désactivation de l'amygdale, que dans l'état amoureux.

Ce qui restera de la psychanalyse n'est probablement pas la théorie initiale érigée en dogme. Les théories sont faites pour évoluer avec les progrès des connaissances. La pratique de la cure devrait demeurer, peut-être plus rare ou réduite à des finalités de formation. C'est la découverte de ce type particulier de métacommunication entre deux individus, révélée par la procédure particulière du divan, qui paraît être la découverte scientifique pérenne de Freud.

CHAPITRE 10

# ON REFAIT L'HISTOIRE

## Faire de l'événement une intention

*Imagine, maintenant : un piano. Les touches ont un début. Et les touches ont une fin. Toi, tu sais qu'il y en a quatre-vingt-huit, là-dessus personne ne peut te rouler. Elles ne sont pas infinies, elles. Mais toi, tu es infini, et sur ces touches, la musique que tu peux jouer, elle, est infinie. Elles, elles sont quatre-vingt-huit. Toi, tu es infini.*

Alessandro BARICCO, *Novecento*

Nous avons décrit les deux grands systèmes qui régulent notre adaptation au monde. Un système de survie, de préservation de l'espèce, consacré à l'examen et la surveillance du monde physique. Et un système motivationnel, hérité de la fonction de reproduction et de la sexualité, qui tend à anticiper, imaginer, désirer.

Le premier système se doit de rester réaliste. Il est exclusivement dans le cheval : c'est la spontanéité et la rapidité de l'instinct. Le second système anticipe le réel. C'est le début de l'imaginaire. Ce degré de liberté supplémentaire permet à l'esprit de supplanter le réel. La dialectique entre réel et imaginaire est un moyen de diversifier les sources de pensées qui alimentent notre espace mental. « Quand je m'ennuie dans le métro, je regarde les gens en essayant d'imaginer leur vie », me disait une jeune collègue. C'est la vertu première du cerveau magicien, jouer avec un curseur entre la simulation et la réalité.

## *Écumer les leçons du réel*

Les lois de l'évolution comportent une contradiction que les êtres vivants se doivent d'assumer : garder les leçons du réel sans trop s'en embarrasser. Nous devons accumuler de l'expérience, tirer des lois ou des règles à partir de chaque événement en vue d'acquérir des automatismes. Pour que ces événements suscitent un apprentissage, ils doivent être motivants, donc avoir un sens émotionnel. Mais, en même temps, nous ne devons pas être trop affectés par eux, afin de ne pas être fragilisés émotionnellement chaque fois que nous nous retrouverons dans des situations identiques.

Si je tombe de vélo parce que j'ai serré trop brutalement le frein avant dans une descente, il faut que j'apprenne la règle « ne pas serrer brutalement le frein avant en descente ». Mais il ne faut pas pour autant que chaque fois que je suis à vélo dans une descente, voire sur le plat, j'aie peur de tomber à nouveau. *Apprendre pour survivre et ne pas trop s'en affecter.* C'est à la fois s'habituer au même sans s'y ancrer. Il ne faut pas que les automatismes acquis deviennent rigides et constituent une contrainte. Il faut garder le degré de liberté de l'imprévu. L'histoire doit basculer vers l'avant pour ne pas nous figer. « Le souvenir est l'espérance renversée », disait Flaubert.

La plasticité de la mémoire joue ici un rôle essentiel. En donnant aux souvenirs une malléabilité, la mémoire fait office de pivot entre l'expérience du passé et ce qu'on peut en extraire pour en faire autre chose, pour en faire du nouveau. C'est l'objet de ce chapitre : montrer comment nous recevons la réalité pour la traiter comme une matière première, pour ensuite innover, refaire l'histoire. Décrire ce mécanisme physiologique naturel à visée adaptative : un retournement vers le futur par le biais de la fabrication d'intention. Comment on tente de s'approprier l'événement en lui donnant notre label psychique, pour en faire quelque chose qui vienne de nous.

## *De la réalité physique à la réalité psychique*

Reprenons depuis le début l'anecdote de l'autobus.

Je marche le long du boulevard de Port-Royal en pensant à mon travail. C'est jour de marché. Les étalages alignés forment un goulot incontournable, les passants grouillent. Le chant d'un orgue de barbarie émerge du concert des bruits de la ville. Une vieille dame tire son caddie avec lassitude. Je suis pressé, j'envie les badauds qui flânent, j'en veux presque aux chalands qui me ralentissent.

Voulant contourner un attroupement, je descends mécaniquement sur la chaussée tout en continuant de réfléchir à ma journée de travail. Soudain, je me retrouve presque face à un autobus qui fond sur moi. J'ai à peine atterri sur le trottoir lorsque retentit le son rauque et violent de son klaxon. C'était à deux doigts...

Alors, encore tremblant, je dis : « J'ai *eu* peur. » Effectivement, cette peur ne peut être décrite qu'au passé. Elle a été trop rapide pour que j'en pense ou dise quoi que ce soit. Cette peur n'était pas là pour être commentée, ni éprouvée, mais pour me sauver la vie. L'animal en moi (le système visuel, l'amygdale et les noyaux gris centraux), le cheval, a fait le nécessaire. Si j'avais dû penser quelque chose avant de sauter sur le côté (« C'est un bus, il y a danger, il faut que je me recule... »), je serais passé sous l'autobus...

*A posteriori*, je peux maintenant, je veux, commenter les résidus de mon émotion. En y regardant de plus près, plusieurs choses se sont mêlées : ma peur, une envie de réagir, et aussi quelque chose qui ressemble à une frustration. Je tremble encore et j'inscris cette émotion dans une chaîne temporelle. J'historicise ma peur : alors qu'elle est encore présente dans mon corps, je vais en faire une histoire, non pas abstraite mais *romanesque*. Un conte que je pourrai me raconter, modifier, pour rincer progressivement l'événement de la frayeur initiale.

En même temps, je me sens frustré. Il y a un décalage temporel, comme si j'avais raté le spectacle ; c'était très fort, et je n'ai rien vu, c'est déjà fini. « Tout s'est passé trop vite », comme l'on dit dans ces cas-là. Je ressens une sorte d'inachevé, comme un besoin d'agir. Probablement, la décharge noradrénergique qui m'a sauvé la vie a laissé des traces de son passage : je débute un sevrage. Une partie de moi voudrait rester encore dans l'événement, y retourner pour en revivre l'intensité.

C'est aussi cela qui me pousse à commenter. Il vient de se passer un événement fort, j'ai failli mourir, et ni ma conscience ni ma volonté n'y étaient pour rien. Elles n'étaient même pas concernées. Je ne peux avoir peur, ressentir ma peur, qu'après coup.

## FABRIQUER DE LA PENSÉE

Le retour à l'équilibre demande accusé de réception de l'événement émotionnel par ma conscience, par mon moi. Je ne peux pas ne pas dire quelque chose de ce qui vient d'arriver. Ma pensée se met au travail pour apaiser et consoler mon corps encore bouleversé, pour se recaler avec lui. Ma conscience reprend les commandes.

La magie en cet instant, c'est l'amortissement du choc par ma pensée associative. Je vais refaire l'histoire, créer une poésie de l'événement, selon les traits de ma personnalité.

Si je suis sûr de moi, je vais attribuer l'incident à des causes extérieures, voire exagérer cette tendance si j'ai des traits un peu rigides ou paranoïaques. Je vais mettre alors en branle les bataillons de la mauvaise foi. Je peux me dire qu'évidemment c'est la faute du marché, ou bien m'en prendre à cette vieille dame qui avançait trop lentement, ou au maire de la ville avec ses nouveaux couloirs d'autobus.

Si j'ai un tempérament dépressif au contraire, je vais m'attribuer la responsabilité de l'événement et me dire que c'est ma faute. La magie ici, c'est la culpabilité mêlée de fatalisme : « C'est toujours à moi que ces choses arrivent. »

Si je suis orgueilleux, vexé par l'incident, je vais tenter la dénégation : « Je n'ai même pas eu peur ! », quand bien même mon corps continue de me dire l'inverse.

Je peux avoir un goût pour la psychogenèse, *ce causalisme de l'intérieur*, qu'il se soit développé spontanément, culturellement ou avec l'aide d'une psychothérapie. J'ai alors une propension à réinscrire les événements dans une causalité personnelle, à penser que ce qui vient d'arriver, au fond, je le voulais un peu. Ou en tout cas, faire comme s'il était possible que j'y sois pour quelque chose. Je vais alors établir des liens, inscrire cet événement dans une logique historique, une répétition (« Je voulais encore me punir, toujours ma culpabilité »). Ou bien reconstruire une interprétation explicative plus ambiguë, voire ludique, de la scène : « C'est parce qu'aujourd'hui je ne voulais pas aller à cette réunion ennuyeuse. » Je fais émerger cette réalité explicative d'un ensemble de causalités qui se proposent à moi ; j'esquisse une nouvelle vérité. Je m'organise autour d'elle, comme si tout ce qui était arrivé provenait de ce nouveau point de départ. Je construis de l'après-coup.

Que tous ces commentaires, tous ces arguments soient justes, et ils peuvent l'être, ou faux, que les raisons soient évidentes, probables, ou peu vraisemblables, n'est pas l'essentiel. *Ce n'est pas tant le contenu du commentaire qui importe, que l'acte de commenter*. Il s'agit d'utiliser la pensée comme un processus adaptatif, comme un outil d'homéostasie, de retour à l'équilibre. Cela se joue d'abord à très court terme, dans les premières minutes, pour atténuer mon état émotionnel, en me calant sur lui. Dans les heures qui suivent, je tenterai alors de reprendre la main et de contrôler l'événement.

À travers un assemblage exécutif, je reconfigure l'historicité : de ce qui m'est arrivé *avant* je fais une autre histoire, un présent, presque un futur. Je m'approprie l'événement survenu, je le retravaille. Les détails du contexte forment autant de briques pour construire pas à pas une nouvelle histoire. Je refais le monde. De membre impuissant de la fourmilière des piétons, je deviens le maître de ce qui vient de m'arriver. Je suis à la fois le metteur en scène, l'acteur et le spectateur. Comme l'enfant que j'étais, un soir de Noël, lorsque j'avais reçu un beau garage tout neuf avec des rampes en volutes. Je rejoue aux petites voitures, je déclenche des accidents, j'orchestre la ville. Bientôt, c'est moi qui aurai mis l'autobus devant moi à l'instant où je suis descendu sur le macadam...

En arrivant à mon travail, si besoin, je dirai à mon collègue que « j'ai failli me faire écraser par un autobus », prenant le risque d'une frustration légère s'il me répond que « c'est dangereux les autobus » ou quelque chose comme ça, au lieu de « tu as dû avoir une peur terrible ! ».

Le soir, en rentrant, je raconterai l'épisode à ma femme pour l'associer à mon aventure, espérant, consciemment ou non, tester, au passage, qu'elle en est très émue.

Peut-être, avant de m'endormir, aurai-je encore besoin quelques minutes de repenser à la scène. Pour finir de nettoyer ma peur, je pourrai commencer de la rendre cocasse, avec des jeux de mots : « Buté par le bus. » Ou convoquer le parlement des bonnes intentions : « Il faut que je m'organise mieux, que je sois moins stressé par mon travail. »

Je cause, je cause… Mais en vérité, celui qui m'a sauvé la vie, c'est le cheval !

## LE TEMPS ÉMOTIONNEL ET LE TEMPS ASSOCIATIF

Il y a une double temporalité dans cette petite aventure. Elle est anecdotique après coup, maintenant, elle a été vitale pendant.

Ce double jeu temporel participe à mon trouble. Je suis double : la victime d'un événement singulier, qui ressent encore un peu la fin de l'expérience terrifiante, mais aussi moi, le moi de tout temps, le moi de chaque jour. Le moi qui en a vu d'autres, qui en verra encore d'autres. Mais ce moi n'arrive toujours pas, peut-être à cause d'un frémissement persistant du corps émotionnel, à ranger l'événement dans le catalogue des souvenirs bientôt délavés des réseaux du système mnésique néocortical.

Le temps émotionnel est rivé à celui de l'événement réel, physique, auquel l'émotion, au sens de réponse adaptative, est synchrone. C'est d'abord le temps d'un travail automatique, implicite, non conscient. Il ne peut donc pas être verbal, il est corporel, et très court.

Le temps associatif, différé, prend le relais, progressivement. Il comporte successivement une prise de conscience de tout ou partie de la réaction émotionnelle, puis le commentaire de l'événement. Le temps associatif est donc conscient, au moins en partie, et dilaté.

## LE PRIX DE LA SURVIE : LA TRACE MNÉSIQUE

Un événement se produit. Je dois le garder en mémoire pour en faire un acquis, un apprentissage. Il faut que je sache que le couloir d'autobus est maintenant juste au bord du marché sur le boulevard. Le temps émotionnel est celui du premier contexte d'encodage du souvenir. En un temps très court, trop rapide pour en être conscient, raconté à soi-même, le système mnésique sous-cortical encode à la fois l'événement et l'émotion. De la même façon que j'ai sauté sur le trottoir avant de penser « c'est un autobus, il va m'écraser », de même la mise en mémoire de l'événement commence par une émotion sans mots, la peur amygdalienne en l'occurrence, associée au contexte sensoriel (la vue de l'autobus ou du marché par exemple). Avec sa formulation verbale commencera le temps associatif.

Au plan neurobiologique, il faut noter le double rôle des systèmes catécholaminergiques. En effet, lors de la réaction de survie, la riposte amygdalienne de peur déclenche une salve noradrénergique puis dopaminergique. Cette décharge est d'ailleurs un des mécanismes de la rapidité réactive qui permet de sauter sur le trottoir. Sa brièveté explique probablement la vague impression de sevrage que j'ai pu éprouver juste après l'événement. La dopamine est le neuromédiateur du plaisir, nous l'avons vu.

Mais on sait aussi que la stimulation noradrénergique augmente l'encodage mnésique. C'est pour cette raison que les services du Samu donnent des bêta-bloqueurs de la noradrénaline dans les situations de catastrophe, pour diminuer l'encodage mnésique du traumatisme.

C'est une contrainte de survie. La réaction d'alerte doit en même temps donner une réponse motrice rapide et mémoriser l'événement pour se préparer à réagir mieux, plus vite, plus automatiquement la prochaine fois. Mais si cette pression phylogénétique à l'encodage du souvenir est trop ample, cet événement risque de persister et d'infiltrer durablement le psychisme, consciemment ou pas. Le défi, c'est garder l'information sans trop s'en émouvoir.

## *L'outil de l'adaptation : la plasticité mnésique*

Il y a là une contradiction à résoudre : garder tout l'utile du réel et ne pas s'en embarrasser à l'excès. Ce phénomène de plasticité mnésique est une nouvelle occasion de remarquer la subtilité de l'évolution.

On a longtemps cru que les souvenirs, une fois stockés, restaient stables. On sait maintenant qu'ils sont en fait plastiques, voués à se remanier. On sait aussi que la remémoration d'un souvenir le fragilise, et qu'il nécessite une reconsolidation. La boutade consiste à dire que rappeler un souvenir, c'est comme sortir un petit livre d'une bibliothèque : on risque de l'abîmer, le froisser, le tacher… Mais la métaphore a ses limites puisqu'il est démontré que les souvenirs ne sont pas stockés comme des écritures rassemblées dans un seul ouvrage ou gravées sur un disque dur. Les êtres vivants ne sont pas des ordinateurs, nous l'avons déjà dit. Ils tiennent à la survie et à la reproduction de l'espèce, et leur système mnésique vise les mêmes objectifs. Il est donc plastique, adaptable. Et c'est pour répondre à cette nécessité de plasticité que les souvenirs ne peuvent être de simples livres. Ils doivent pouvoir se modifier, évoluer.

Un souvenir, c'est un ensemble de feuillets disséminés (une représentation visuelle, une auditive, une connotation émotionnelle, etc.) dans plusieurs bibliothèques, prêts à se réunir. Chaque feuillet correspond à une figure d'activation de neurones dans une certaine zone. Et les feuillets sont mobilisés de concert par une mise en oscillation synchrone à partir de décharges électriques simultanées. Peut-être grâce à l'hippocampe, des trains d'impulsions électriques rythmés se propagent dans les différents feuillets du souvenir qui s'assemblent alors. Pour former le souvenir complet, il faut une activation synchrone, simultanée, de tous les sous-réseaux de neurones (les feuillets).

On peut ainsi comprendre que le rappel du souvenir le vulnérabilise. Il est relativement aisé de perdre un feuillet, et même facile de le remplacer par un autre. C'est tout l'intérêt adaptatif du système. Si l'on a changé la position du couloir de bus, je devrai modifier la composante visuo-spatiale de mon apprentissage, tout en conservant les autres éléments contextuels : le marché, le boulevard, le jour de la semaine où il y a le marché...

C'est un des coups de génie de l'évolution : la mémoire est adaptable, flexible[1]. Cette évolutivité des souvenirs permet à la fois d'actualiser la valeur pragmatique du souvenir (apprendre le nouvel emplacement du couloir des bus) et de rincer la mémoire pour en éviter la saturation.

## *La reconsolidation mnésique comme outil*

Les travaux d'Elizabeth Loftus ont montré que la mémoire peut être trompeuse, qu'un souvenir peut évoluer.

1. Voir G. Chapouthier (2006).

Cette psychologue californienne s'est intéressée depuis longtemps à la validité des souvenirs lors de témoignages à des fins judiciaires. Elle a été la première à recommander une certaine prudence dans la reconnaissance *post hoc*, à distance, de suspects par des témoins. Ses travaux expérimentaux ont révélé que le souvenir peut être modifié lors de la remémoration par l'introduction de nouveaux éléments contextuels. Si, par exemple, on communique au sujet des informations supplémentaires inexactes sur l'événement, il peut les incorporer dans le récit de son souvenir. Parfois même des fictions peuvent s'immiscer.

Un autre chercheur, Cristina Alberini, a depuis élucidé les processus biologiques de ces phénomènes à partir de travaux chez l'animal. Elle a confirmé, dans la suite des travaux de Suzanne Sarah et Karim Nader, l'existence, après la consolidation, d'un second mécanisme, celui de la reconsolidation : juste après le rappel d'un souvenir déjà consolidé, il doit être reconsolidé sous peine de ne plus être intact pour un rappel ultérieur. Le contexte émotionnel, *via* l'implication différente de l'amygdale, lors de la reconsolidation, est différent, moins « à chaud ».

## RINCER LA MÉMOIRE

Je fais l'hypothèse qu'un mécanisme de modulation de l'encodage consiste dans l'activation d'actions mentales nouvelles, sur le mode de la réappropriation intentionnelle de l'événement. Si j'ai parlé jusqu'au soir de l'événement de l'autobus, c'est pour modifier ce réseau mnésique encodé, l'essorer pour ainsi dire, et lui substituer d'autres réseaux. Moins l'événement sera encodé comme tel dans son intégralité, mieux je pourrai construire des réseaux mnésiques alternatifs et moins je risque de garder un souvenir traumatique de l'épisode. Nous sommes ici dans le champ des théories du psychotraumatisme. Imaginons que l'épisode de l'autobus ait été trop effrayant ou que je ne puisse remodeler son souvenir. Ma peur va cimenter un réseau de mémoire traumatique, je vais développer une phobie des bus ou de ce boulevard[2]. Cette fixation traumatique pourra être évitée par ces nouveaux réseaux alternatifs s'ils parviennent à dériver la peur comme les eaux d'un canal lors d'une crue subite[3].

On peut supposer que mon bavardage répété dans les heures qui ont suivi l'épisode de l'autobus est une façon de faire l'inverse des reconsolidations, d'essorer le souvenir brut en vue d'en minimiser la trace émotionnelle.

Plus généralement il est possible de décrire ce mécanisme hypothétique comme un héritage de la balance entre les deux grands systèmes adaptatifs. L'alerte invite à fixer le souvenir et à le généraliser, à le rendre heuristique : la pression évolutive m'incite à encoder autobus = danger, afin que ce nouvel apprentissage soit adaptable à de nouvelles situations. Mais il a été bien montré que la généralisation d'un souvenir le rendait en même temps plus anxiogène[4]. Le système de récompense aide à l'aseptiser par le biais de la fabrication d'intentions. Les capacités d'inten-

2. Il a par ailleurs été montré que les thérapies en pleine conscience ont pour effet de réduire la remémoration généralisée au profit d'une mémorisation autobiographique plus importante.

3. C'est l'erreur qui a été commise un certain temps lorsqu'on ne savait pas encore que le débriefing ne doit pas aboutir à une augmentation de l'encodage. Il faut écouter le sujet, le laisser parler, mais ne pas l'interroger sur des détails de l'événement.

4. Ce n'est une généralisation de la peur qu'en apparence ; en réalité, j'essaie de mettre en place une focalisation du danger (les bus ou le boulevard) pour permettre son évitement. Bien entendu toutes les peurs ne sont pas issues d'un seul traumatisme initial. Si je développe une peur phobique de la rue ou des transports, il se peut que ce soit parce que j'étais déjà un anxieux, voire un agoraphobe qui s'ignore. En clinique, le point de départ des symptômes est souvent sous-estimé. Souvent l'événement imputé comme facteur déclenchant est un facteur révélateur.

tionnalisation sont au cœur du processus qui permet de refaire l'histoire.

## *Faire de l'événement une intention*

C'est toujours la même histoire, notre histoire singulière, l'histoire de l'homme : fabriquer de la pensée. Renverser notre passivité subie, notre soumission au monde réel en création psychique de la volonté, quitte à transformer notre vision du monde. Ce mécanisme de réécriture vers l'avant est un héritage supplémentaire de la balance darwinienne entre les deux grands systèmes adaptatifs. L'alerte invite à fixer le souvenir et l'envie à l'aseptiser, par la fabrication d'intentions. « Ce que nous ne pouvons éviter, nous devons feindre de l'organiser », disait Nietzsche. Dans le sens de l'adaptation, d'une peur nous faisons une création, une alternative à notre histoire. Comme si l'événement n'avait pas qu'un seul sens, irréversible.

Le langage et l'ensemble de l'arsenal du cavalier sont des outils de choix pour ces opérations. « Le fait n'a jamais qu'une existence linguistique », disait Roland Barthes. Même la créativité des hommes, y compris dans les arts, peut être considérée comme issue de peurs ancestrales. Comme un entraînement à tisser des réseaux associatifs, de nouveaux réseaux intentionnels. Le désir de voler a sûrement permis d'inventer l'avion, mais c'est probablement de la peur de tomber qu'est né le personnage de Batman.

### REFAIRE L'HISTOIRE

La reconfiguration à partir de l'événement est une question bien connue des historiens. De nombreux chercheurs, notamment des philosophes, se sont penchés sur les problèmes de l'historicité. Parmi eux, Paul Ricœur tient une place à part, dans sa façon d'introduire une vision polytemporelle de l'historicité. Il a de plus insisté sur l'intrication réciproque entre histoire et fiction : « [...] la référence propre à l'histoire n'est pas sans parenté avec la référence "productrice" du récit de fiction. Non que le passé soit irréel : mais le réel passé est invérifiable. En tant qu'il n'est plus, il n'est visé qu'indirectement par le discours de l'histoire. C'est ici que la parenté avec la fiction s'impose. La reconstruction du passé, comme Collingwood l'avait déjà dit avec force, est l'œuvre de l'imagination. » Plus loin, Ricœur ajoute : « L'expérience humaine, dans sa dimension temporelle profonde, ne cesse d'être refigurée. »

Comme le commente François Dosse : « L'événement qui est de retour n'est donc pas le même que celui qui a été réduit par le sens explicatif, ni celui infrasignifié qui était extérieur au discours. Il engendre lui-même le sens. » Rapprochant la pensée de Ricœur du point de vue historiographique de Hayden White, elle propose que : « L'histoire serait donc d'abord écriture, artifice littéraire. » Les hommes aiment se raconter des histoires...

On peut faire l'hypothèse qu'il s'agit d'un seul et même mécanisme biologique hérité de l'évolution qui assure une double fonction : rincer la mémoire, protéger des marques du passé et inventer, générer des intentions. Un seul système ferait office d'outil pour refaire l'histoire et pour anticiper, basculer vers l'avant. Un style adaptatif qui consisterait à rebondir sur l'événement pour devenir à nouveau le scénariste de l'instant qui va suivre.

Ce mécanisme ne se déclenche pas que pour des événements traumatiques. Il y a une continuité du normal au pathologique. C'est comme un réflexe, une façon d'être, permanente, universelle. De ce fait, on peut l'observer dans la vie de tous les jours et aussi bien lors d'événements négatifs que positifs. La survenue d'une émotion agréable peut amorcer le même enchaînement intentionnel.

### UNE RÉPONSE À TOUS LES ÉVÉNEMENTS, MÊME POSITIFS

Vous êtes sur la plage en vacances. Rythme alternatif des bains et de la lecture à l'ombre du parasol. Vous recommencez d'avoir un peu chaud et décidez de prendre un nouveau bain. Vous dépassez vos deux adolescents presque encore bambins qui jouent en riant à se renvoyer une balle au-dessus de l'eau. Vous rejoignez leur mère qui nage un peu plus loin. Un baiser presque pudique ponctue ces retrouvailles aquatiques. « L'eau est bonne », vous dit-elle.

Un moment de bonheur familial, vite secoué par votre : « Ce soir je vous emmène dîner au restaurant. On ira prendre une soupe de poisson. » Vous venez de transfigurer le réel en avenir. Pour retenir la saveur de l'instant présent, comme si elle risquait de s'évanouir dans le passé, vous amorcez un projet, une intention.

Regardez-vous réagir à des moments, ou des événements de la vie quotidienne : vous verrez que très souvent vous ponctuez, comme pour le garder, le présent d'un commentaire intentionnel.

### LE MÊME PROCÉDÉ À L'ŒUVRE DANS LES RÊVES

Dans les rêves aussi, on peut retrouver la trace de cette appropriation des événements par le biais de la simulation d'intention. Paul a 50 ans. Une enfance malheureuse, certaines maltraitances, dont il a gardé une personnalité anxieuse. Un mélange d'un stress post-traumatique[5] et d'une

---

5. Le stress post-traumatique est une pathologie invalidante d'allure anxieuse, consécutive à un ou plusieurs événements violents ou dramatiques (accident, incendie, viol, hold-up...).

peur de l'abandon. En thérapie, nous sommes sur ce thème depuis un moment. Il réalise que ses parents vieillissent. Les générations sont en train de s'inverser. Sa relation maternelle de l'enfance, avec des peurs d'abandon, se trouve réactualisée.

Brutalement, son meilleur ami meurt dans un accident de voiture. Il est assommé, groggy pendant une semaine. Puis il fait un rêve : sa femme le trompe. Il l'apprend comme une information ; elle le lui confirme. Il n'a pas de douleur forte. Le fait central du rêve, c'est quand il se dit : « Ben maintenant ça y est, je suis vraiment tout seul ! »

Comme interprétation, je lui propose qu'il invente un nouvel abandon pour en devenir l'auteur, le fabricant. Une apparente politique du pire qui recouvre une stratégie pour se sentir moins impuissant face aux pertes : les décider soi-même, être l'auteur de ce qui peut nous arriver. La meilleure façon de ne pas subir un abandon imprévu.

À mon interprétation, le patient remarque avec surprise : « Mais oui, c'est étonnant, dans le rêve, ma femme me dit : "Mais c'était convenu, nous étions d'accord." » Il sait qu'en tant qu'auteur du rêve, ce qui s'y passe est le fait de son propre vouloir (le rêve exprime un désir...). C'est donc lui qui décide que sa femme le quitte en rêve. S'il décide des pertes, elles ne peuvent plus survenir sans son vouloir, comme la mort de son ami.

## *Les racines biologiques des psychothérapies*

À chaque événement, le cerveau humain réagit dans le sens global de l'évolution : s'approprier le réel, le contrôler, le métaboliser, en faire quelque chose, en faire autre chose.

La création psychique, le travail de pensée deviennent des parades pour ne pas s'encombrer du réel. Pour ne pas trop s'en affecter ou pour s'adapter à un événement traumatique. Nathalie Prieto, une spécialiste du stress post-traumatique, raconte que lors de la catastrophe du tunnel du Mont-Blanc, dans les heures qui suivirent, de nombreux survivants se sentaient coupables. Ils s'imputaient la responsabilité de l'accident : « C'est de ma faute, je n'aurais pas dû prendre le tunnel », ou encore : « Ils avaient dit à la radio qu'il y aurait beaucoup de circulation, j'aurais dû retarder le départ d'une journée. » Tous ces commentaires, cette culpabilité, *post hoc* sont interprétés par Prieto comme une manière de s'approprier l'événement, de se sentir moins impuissant face au monde. C'est une façon d'intentionnaliser le réel. Très souvent, dans la vie de tous les jours, nous utilisons ce mécanisme stratégique. Du « ça tombe bien » au « je sentais bien que ce n'était pas mon jour », nous passons notre temps à faire de nous des pseudo-auteurs de ce qui nous arrive. Ce processus naturel peut être renforcé ou restitué par les psychothérapies.

Lagache, l'un des maîtres de la psychanalyse des années 1950, avait son cabinet à l'angle de la rue du Bac et du boulevard Saint-Germain à Paris. Un jour, alors qu'il attendait une patiente à sa séance, il fut attiré à la fenêtre par les bruits d'un énorme encombrement. Il y avait eu un accident au milieu du carrefour qui s'en trouvait bouché. La patiente arriva très tard, presque à la fin de sa séance. En s'allongeant sur le divan, elle explique fébrilement : « Je suis très en retard car il y avait un encombrement à cause d'un accident. » Et Lagache racontait qu'il avait traité cette remarque comme le récit d'un rêve.

Accuser réception de la seule réalité eût été rationnel, mais guère fécond. On serait resté dans le récit anecdotique, la conversation. Au contraire, faire de l'événement une création par la patiente, lui demander d'imaginer qu'elle vient d'inventer l'accident et l'encombrement, est une façon de développer l'activité associative. C'est au fond encourager un processus de même nature que celui de l'après-autobus : commenter, réélaborer, reconfigurer. Cette posture de Lagache présente deux intérêts : confronter la patiente à son potentiel de magie et l'entraîner à simuler de l'intention, nous y reviendrons.

Je fais l'hypothèse que l'une des actions bénéfiques des psychothérapies et notamment de la psychanalyse consiste à développer ce mécanisme adaptatif : construire une magie, transformer l'événement en intention, inverser la réception en émission. Nous allons le voir à nouveau dans le chapitre suivant.

CHAPITRE 11

# LA MAGIE DU RÊVE

*La réalité est un secret, c'est en rêvant qu'on est près du monde.*

J. M. G. Le Clézio

C'était à la fin des années 1980. Jeune psychanalyste, je venais d'être livré à l'exercice sans superviseur. Je me rassurais avec l'orthodoxie du cadre de la cure-type : patient allongé, trois quarts d'heure, trois fois par semaine, silence de l'écoute ne laissant place qu'à de rares interventions ou interprétations mesurées, pesées, concises...

C'était à l'époque de la montée de Le Pen. Il y avait eu la veille une grande manifestation à Paris contre l'extrême droite. Mon patient arriva pour sa séance. Il avait été à la manifestation. Il raconte l'énorme foule, l'émotion face à l'inquiétant phénomène qui émerge en France... Et puis il m'interpelle : « Je ne connais pas votre opinion ; évidemment vous ne me la direz pas, c'est la règle en analyse. Je ne saurai rien, même si j'insiste. » Je me tais : j'ai appris que l'analyste n'était pas là pour raconter sa vie. Mon patient insiste pourtant : « Bientôt deux ans que je viens ici, et je ne sais même pas ce que vous pensez des idées du Front national. » Je résiste un temps, provoqué (« Quand même il charrie ! »), puis je vais à la faute. Croyant avoir trouvé une issue, je me cambre, presque solennel : « Il y a des valeurs humaines qui surpassent le cadre de la psychanalyse. Et je peux donc vous dire concernant ce sujet, que je partage vos idées. » Drapé dans ma sincérité, je la crois garante de mon choix. Je prends ma bonne foi pour de la compétence. Je ne comprends pas encore mon erreur : je viens de retomber dans l'arène de la réalité.

À la séance suivante, mon patient se montre tendu, entre l'inquiétude et le reproche. Solennel, il me déclare : « La dernière fois, vous avez fait une faute technique. Dans l'analyse, on peut être un nazi ! »

Il avait raison. J'avais répondu en mon nom, brisant le jeu de rôles de l'imaginaire à deux. L'analyse n'est pas une conversation. C'est un état d'attention flottante où l'on s'extrait du concret habituel. La règle du silence, ou tout au moins du peu parler, aide au développement de cet état flottant particulier.

En laissant la réalité faire irruption dans l'aventure intime de la cure, j'avais rompu le contrat. Je m'étais dérobé. La règle : « En analyse, on doit dire tout ce qui passe par la tête » implique, en contrepartie, que l'analyste accepte de jouer le jeu. C'est-à-dire qu'il consente à tout entendre sans sourciller : assumer tous les rôles, toutes les convictions, tous les sentiments même les plus négatifs, attribués et scénarisés par l'imaginaire du patient.

## UNE VIEILLE HISTOIRE

Son père, pied-noir, petit commerçant de Tunis, avait été un pétainiste fervent pendant la guerre. Nous le savions tous les deux, ce n'était pas nouveau. D'ailleurs, il n'avait pas eu besoin de faire une psychanalyse pour savoir qu'il n'aimait pas ce père-là : un mélange de lâcheté et de passivité acerbe, une fascination de suiviste pour le culot de ceux qui affichent leur agressivité et leur haine. Se planquer et laisser les autres agresser, les regarder faire. Très vite, le patient avait déploré cette façon d'agir par procuration : « Mon père est un lâche, il veut voir les autres faire à sa place. » Il avait même expliqué par ce tempérament la passion de son père pour la photo. Celui-ci avait fait aménager une chambre noire dans l'appartement familial. « Il était photographe pour voir sans être vu », avait-il commenté.

Non, décidément, il n'aimait pas ce père-là, trouillard, planqué. C'était devenu une connaissance commune entre nous deux, quelque chose d'acquis, un sous-entendu faisant contexte.

Comme toujours, les choses étaient plus compliquées. Nous allions le comprendre ensemble après quelques mois d'analyse, à partir d'un rêve qui l'intrigua. Il était en haut d'une colline, un peu comme un enfant qui jouerait aux petits soldats, mais c'étaient de vrais humains. Il regardait avec un plaisir avoué une armée fondre sur des fantassins en déroute, condamnés à l'extermination. Son interrogation venait de ce que, dans ce rêve, il y avait un chef d'armée, mais il ne le voyait pas. Il savait qu'il était là, mais il ne le voyait pas.

Soudain, je m'entends dire : « Il manque sa photo. »

Alors en un éclair, un déclic, si j'ose dire, se produisit chez le patient. Une révélation, tout sortit d'un coup, en flots : le père photographe, le voyeur bigarré de maréchal, la chambre noire, le plaisir de voir, la violence sans risque...

La suite de la séance avait été très intense émotionnellement. Il s'était souvenu du plaisir qu'il avait, qu'ils avaient, quand, à 5 ou 6 ans, son père l'emmenait dans la chambre noire pour développer ensemble les photos. Un produit magique, le révélateur, qu'on tirait d'une bouteille et qui faisait apparaître l'image peu à peu, lentement, émergeant des eaux de la cuve. L'excitation d'être initié au plaisir de voir. Un père peut montrer à son fils ce qu'on voit. Tout à coup, en séance, *le voir sans être vu* devenait *un voir à deux sans se voir, sans se regarder voir.*

Il aimait ce père-là, bien sûr. Il l'adorait, même. Mais comment peut-on adorer un salaud ? Seule une dernière digue de pudeur masculine l'empêcha d'exploser en larmes devant la porte à la fin de sa séance.

### RENDRE POSSIBLE L'IMPOSSIBLE

La magie du rêve était là. Comment regarder le père qu'on aime sans être confronté au père qu'on méprise ? En ne le voyant tout simplement pas !

« Il n'y a pas de contradiction dans l'inconscient », disait René Held, voulant signifier que le monde des contradictions logiques n'est pas le même que celui des sentiments. Il est tentant de faire le lien avec la liberté qu'offre le sommeil paradoxal à l'imaginaire pour se donner libre cours. En faisant tomber les barrières que dressent les règles de la logique habituelle. Un moyen de rendre pensable l'impossible.

Dans cet exemple, le rêve permet d'occulter le lien entre l'affect (l'émotion de plaisir) et la représentation du père. Ce n'est pas seulement un problème d'inconscient, ni même de préconscient : il le sait le patient, depuis deux ans qu'il vient en parler, qu'il est occupé, envahi par son père vichyste. Il a de plus une connaissance sémantique du père historique. Le rêve en tant que scène à travailler, en tant que matériel, c'est l'occasion de faire une connexion consciente, jusque-là impossible, entre l'émotion et une autre image, plus positive, du père.

### L'AFFECT ET LA REPRÉSENTATION

Je fais l'hypothèse qu'il s'agit d'un conflit entre des représentations de niveaux différents, les unes sémantiques et les autres émotionnelles, non verbales, et que l'activation *simultanée* de ces représentations, leur actualisation, est non conscientisable en même temps, c'est-à-dire non synchronisable. Comment activer, éprouver en même temps l'héritage de l'amour paternel sans activer le pétainiste. L'amour du père, concrétisé, solidifié, est une représentation émotionnelle, un souvenir d'amour, une mémoire du lien, sous-corticale. Le pétainiste est une représentation sémantique, conceptuelle, historique, qu'on peut penser susceptible d'activer le dégoût ou la haine, ou la peur d'éprouver ces sentiments. Au fur et à mesure des séances, nous construisons un contexte nouveau qui permet de substituer un nouveau réseau père-filiation-amour à l'ancien réseau père-violence-haine. À propos d'un événement dans l'actualité, le patient s'embarque dans le jeu de rôles.

## L'INTERPRÉTATION

Le sens commun a une idée préconçue de la psychanalyse : il s'agirait de remonter à un secret ignoré, de faire revenir des souvenirs refoulés dont la mise au jour dissiperait les troubles. Cette représentation n'est pas exacte eu égard aux connaissances récentes en neuroscience sur l'esprit. Parce qu'elle ne tient pas compte de la complexité des phénomènes qui régissent la conscience. Une telle reconstruction explicative ignore également les progrès des connaissances sur la mémoire, évoqués au chapitre précédent. Elle donne à l'historicité un sens unique, seulement rétrospectif, sans prendre en compte que la mémoire n'est pas un entrepôt de stockage, c'est un processus permanent de réélaboration des souvenirs. Ce qui compterait surtout, ce serait le travail d'interprétation en tant qu'opération de plasticité synaptique. En ajoutant le photographe, j'estompe le maréchal collabo.

On aurait pu prendre d'autres voies interprétatives offertes par le rêve : tester chez le patient la mise au jour (la dénonciation...) de sa propre jubilation voyeuriste. Ou bien, derrière ce regard juvénile, son contentement sadique à voir des fantassins aller se faire déchiqueter. Dans ces pistes, on aurait même pu tester l'identification paternelle comme un alibi, un dédouanement : « C'est la violence de mon père, ce n'est pas la mienne. » Il eût été alors aisé de lui dire : « C'est vous qui avez fait le rêve, pas votre père. » Espérant lui montrer qu'il était l'agent de l'action dans le rêve.

Mais nous étions partis sur cette piste. L'analyse, c'est comme le tour du Mont-Blanc : on peut la faire dans les deux sens, même si l'un des deux est plus fréquemment utilisé. On peut partir de différents endroits, d'un côté ou de l'autre de la frontière, s'arrêter en route, continuer, revenir en arrière. De toute façon, on ne pourra pas tout voir, sous tous les angles, à toutes les heures de soleil. L'analyse finie, notre patient allait continuer tout seul son exploration, inventer de nouveaux chemins de traverse, adopter de nouveaux angles de vue. Tout au long de sa vie, il pourra refaire la photo. Il aura appris à manier le logiciel Photoshop de son néocortex ; il continuera d'interroger les gardiens des vieilles diapositives du souvenir limbique, il ne cessera de commercer avec eux.

## *Fabriquer de l'intention*

Ce plaisir de voir s'avérait être l'un des fondements de sa filiation paternelle. Dans les semaines qui suivirent la séance du rêve, le patient allait se remémorer les moments délicieux où, âgé de 6 ans, son père l'emmenait dans sa camionnette jusqu'au bord du désert pour y découvrir ce qu'il n'avait encore jamais vu : l'infini du sable.

Je viens d'employer le mot « remémoration ». Il n'est pas exact ou plutôt pas suffisant. Il s'agissait plutôt d'un *remodelage du souvenir*, comme nous l'avons vu.

## ON REFAIT LE RÊVE

Le père *devenait* un aventurier audacieux et puissant puisqu'il pouvait conduire la camionnette, *devenue* une grosse guimbarde, presque un camion au regard de l'enfant de 6 ans. Bientôt, le père serait Yves Montand dans *Le Salaire de la peur* ! Un nouveau maillage associatif, un nouveau souvenir se construisait.

Le patient mettait en place un nouveau réseau de mémoire, comme alternative au réseau anxiogène de la haine, où le plaisir d'être le fils de son père devenait pensable. Ensemble, nous ne décodions pas l'histoire, nous la refaisions. Nos deux cerveaux magiciens s'employaient à défaire quelques mailles du passé pour le retricoter, lui donner une autre forme. Ensemble, nous apprenions à refaire le passé, à le peupler de nouvelles intentions.

On peut faire l'hypothèse d'un travail effectué sur le présent, et même encore une fois dans le sens du développement d'une intentionnalité nouvelle. Le travail des séances qui suivirent celle de l'interprétation du rêve a, selon moi, plus consisté en une réécriture de l'histoire. Un peu au sens où Ricœur l'entend. À propos du temps du récit, il évoque « des histoires “non (encore) racontées”, des histoires qui demandent à être racontées, des histoires qui offrent les points d'ancrage au récit ».

Le père *devenait* un aventurier, qu'on aime quand il montre des choses à son fils. Ce n'était pas un faux souvenir, mais un nouveau réseau d'associations. Le père désormais accepté, son image d'antan pouvait être associée au plaisir de voir le désert. Avec des yeux d'enfant, de la camionnette on refaisait une tonne d'acier, un cheval de feu, un camion pour lui qui voulait conduire comme papa, pour sortir de la ville et approcher, affronter l'inconnu du désert. L'histoire « encore non racontée » devenait racontable.

## *Le contre-transfert : renoncer à son agentivité*

Revenons à la séance d'après la manifestation. Tout psychiatre, tout psychothérapeute est censé pouvoir se faire traiter de n'importe quoi sans en être trop affecté. C'est son métier. En consultation, je peux écouter un patient me traiter de tous les noms, me dire les pires injures sans me sentir remis en cause. Ici un simple soupçon m'a désarçonné, presque fait douter de moi, fait sortir de mon silence. C'est donc d'autre chose qu'il s'agissait.

C'est ça le contre-transfert en psychanalyse, c'est aussi simple que ça : être impliqué dans une relation historique singulière au point que, pendant une séance, on est habité par de nouveaux personnages qui peuvent ébranler nos convictions les plus intimes, le fondement agentif de nos croyances. C'est la puissance de l'insertion dans cette relation intime à deux très particulière[1]. Il ne me demandait pas grand-chose, mon patient. Seulement de me taire. Quand il me faisait part de ses doutes sur mes sympathies pour l'extrême droite, je ne devais rien répondre. De lui laisser

1. Dans sa thèse de psychopathologie, Alexandre Har a proposé la notion de cosimulation pour rendre compte du travail psychique particulier à ce type de communication. Il suggère que l'empathie à deux implique une simulation simultanée du patient et de l'analyste.

un non-su, un inconnu, un doute, le degré de liberté supplémentaire d'un imaginaire où tout est possible.

Je fais l'hypothèse que la situation analytique allongée permet l'abandon d'un degré normal d'agentivité, et que cela est d'autant plus facilement permis qu'il n'y a pas d'échange de regard et donc pas de simulations par les neurones miroirs. Ce n'est nullement démontré scientifiquement.

## *La mémoire autobiographique de l'autre*

Comme le remarque Widlöcher, « cette préconisation d'une actualisation transférentielle est liée au fait que, selon cette théorie, une grande part des intentionnalités sous-jacentes à l'activité d'un sujet ne lui sont pas directement accessibles (on retrouve là le concept d'Inconscient) et que seul le détour par l'actualisation transférentielle peut en permettre l'émergence et l'élaboration. Ce qui reste incontestablement spécifique, c'est une pratique particulière facilitant l'émergence d'une métacommunication rarement à l'œuvre autrement ». Ce que Widlöcher appelle le travail de « copensée », je crois que c'est une synchronisation des deux mémoires, celle de l'analysant et celle de l'analyste.

Soudain, je m'entends dire : « Il manque sa photo. » J'avais dit quelque chose qui s'était imposé à moi, comme quand on découvre une évidence. Si j'avais pu dire ou même seulement penser, aussi vite « il manque sa photo », c'est que des processus automatiques, non conscients, avaient fait le travail, c'est parce qu'une évidence s'était imposée à moi. Cette évidence n'en était pas une pour le patient, dont on peut penser qu'un tel réseau lui était impossible à activer consciemment sans y associer les dimensions émotionnelles incompatibles, l'amour et la haine. Mon intervention, non exhaustivement explicative, avait fait levier pour lier la violence au plaisir de la chambre noire et déboucher sur l'ambivalence des sentiments. Même, ou surtout, dans l'inconscient, il n'y a pas qu'une vérité.

## RECALIBRER LES RÉSEAUX MNÉSIQUES

Mon intervention s'était presque imposée à moi. Une association dans un réseau de ma mémoire avait ouvert une piste, parmi d'autres possibles. Mon réseau mnésique – père-plaisir de voir-sadique-Pétain – avait été sollicité et je l'avais brutalement mis à découvert. Ce dernier était absent, refoulé, dans le récit du rêve par le patient.

Figure 11.1

Ce partage de la mémoire autobiographique du patient et cette mise au jour du refoulement sont rendus possibles par la communication empathique entre patient et analyste. Nous avons vu au chapitre sur le corps à corps les mécanismes basiques de l'empathie émotionnelle, *entre chevaux*, assurée par les systèmes miroirs des deux sujets en interaction visuelle. Ici, il s'agit d'une empathie beaucoup plus élaborée, *entre cavaliers*, probablement facilitée par l'absence de communication visuelle, nous l'avons vu. Dans ce dernier cas, le psychanalyste doit se poser une question comme : « Qui dit quoi à qui en moi ? »

C'est l'empathie humaine, telle que Greenson l'a définie : « Je change mon mode d'écoute. D'une écoute extérieure, je passe à une écoute intérieure. Je dois laisser une partie de moi-même devenir ma patiente, vivre ses expériences comme si j'étais elle, pour écouter alors ce qui se passe chez moi. On partage la qualité, non la quantité des sentiments. Le but de l'empathie en psychanalyse est d'acquérir une compréhension, et non de trouver un plaisir substitutif. Il s'agit essentiellement d'un phénomène préconscient qui peut avoir lieu silencieusement et automatiquement, en alternance avec d'autres formes de communication. Son mécanisme essentiel est une identification partielle et temporaire avec le patient. »

Cette empathie de haut niveau définit la vraie métacommunication interhumaine. Elle permet alors le repérage par le psychanalyste de l'obturation inconsciente du patient[2]. Elle est facilitée dans la situation psychanalytique, qui augmente le partage autobiographique à deux, *de l'intérieur*.

2. Voir annexe p. 231.

CHAPITRE 12

# LES PSYCHOTROPES POUR LE CHEVAL, LES PSYCHOTHÉRAPIES POUR LE CAVALIER ?

Un livre à l'hommage des vertus magiciennes de la pensée se devait d'en évoquer les implications thérapeutiques. Cela permet de plus d'aborder le problème des traitements en contournant les conflits claniques qu'il suscite, notamment en France. Les débats sur les psychothérapies et les médicaments piétinent. Ils vagabondent d'un dualisme à l'autre, alternant le tout psychique sans cerveau et le tout biologique sans psyché. On oublie les nombreuses études qui montrent que les qualités du clinicien, son expérience prédisent le résultat thérapeutique au moins autant que la nature de la méthode employée. Une idée générale mérite d'être soulignée : les traitements existent, ils sont efficaces et ont chacun leur place. Il n'y a pas de rivalité entre eux, mais une complémentarité.

## *Les psychotropes ont constitué une révolution thérapeutique*

Les médicaments psychotropes sont soupçonnés d'être consommés à tort et à travers. Il est vrai qu'ils ne sont pas toujours bien prescrits ni bien dosés, ce qui explique en grande partie les accidents qu'on leur impute.

Il n'empêche, les antipsychotiques ont pu transformer la schizophrénie, la vraie maladie mentale, et ses conséquences. Du malade asilaire toléré par une institution, on passe de plus en plus souvent à des sujets suivis en ambulatoire. Pour beaucoup d'entre eux, la réinsertion progressive n'est plus une utopie. Les antipsychotiques semblent même capables d'enrayer une évolution déficitaire auparavant presque toujours inéluctable.

Les antidépresseurs sauvent des vies humaines, ils remettent en existence nombre de sujets qui s'étaient retirés dans la douleur morale et l'isolement affectif et social, vite à l'origine du projet suicidaire. Le suicide est le risque majeur de la dépression, nous l'avons vu. Les antidépresseurs ont été soupçonnés de le favoriser chez les adolescents. Mais nos maîtres disaient qu'un suicide sous antidépresseurs est souvent un suicide malgré les antidépresseurs.

Interdire la prescription des antidépresseurs aux adolescents coûterait chaque année la vie de centaines de déprimés. On néglige trop souvent que les psychotropes sont souvent des produits puissants, délicats à prescrire. On ne joue pas impunément avec un scalpel de chirurgien, c'est un métier qui s'apprend. Il est aussi difficile d'ajuster un traitement antidépresseur, de régler sa posologie au cours et au décours de l'épisode que d'adapter un médicament pour le cœur ou pour le rein.

## *Les psychothérapies vont se diversifier de plus en plus*

Aussi mal connues du public dans leurs spécificités que portées aux nues ou mises au banc de l'efficacité, elles s'imposent dans leur diversité.

Longtemps soupçonnées de superficialité et caricaturalement réduites à un simple retour au béhaviorisme, les thérapies cognitives et comportementales (TCC) démontrent de plus en plus leur efficacité symptomatologique. Même si l'on n'explore pas les couches les plus profondes de son inconscient, réussir, après huit ou dix séances de traitement, à reprendre les transports en commun quand on ne le pouvait plus n'est pas un mince bénéfice. Pour l'employé qui, tous les matins, honteusement, clandestinement, monte à pied les dix-huit étages qui mènent à son bureau, guérir rapidement de sa phobie des ascenseurs peut changer la vie et lui éviter parfois la spirale anxio-dépressive qui le guette.

Ces thérapies sont en fait beaucoup moins outrancières que certains l'imaginent. Diabolisées par les intégrismes, elles gagnent progressivement du terrain dans le nouvel univers de l'obligation de résultat. Cela ne leur donne pas pour autant le droit de s'ériger en nouvelle référence théorique générale du fonctionnement mental.

La psychanalyse a longtemps cru pouvoir afficher une telle prétention hégémonique, fondée sur l'autoritarisme du sens. Ces excès se raréfient, ils ne concernent presque jamais des analystes qualifiés connaissant la clinique. Il faudra bien qu'on se fasse à l'idée qu'il n'est plus possible d'être psychanalyste sans avoir une connaissance de la clinique psychiatrique. Même s'il s'agit de cas rares, il n'est pas acceptable de laisser pendant des années un schizophrène délirer sur un divan sans l'indispensable traitement neuroleptique qui pourrait stabiliser son appauvrissement intérieur. Ignorer la dyslexie ou les difficultés attentionnelles d'un enfant en les taxant de simples difficultés psychologiques imputables au climat familial est une erreur qui peut avoir des conséquences irréparables sur son destin, notamment scolaires. Malheureusement, tous les troubles ne sont pas purement psychologiques, il faut s'assurer de l'absence de pathologie psychiatrique ou neurodéveloppementale.

Mais personne ne pourra contester qu'une vraie psychanalyse conduite sérieusement par un professionnel reste aujourd'hui la méthode la plus achevée pour permettre à un sujet d'aborder les aspects les plus singuliers de son existence, instaurant une relation qui crée une intimité psychique inégalée pour rejouer *in vivo* avec un autre les moments les plus fondateurs de son histoire. Parler allongé trois fois par semaine avec un écoutant reste une expérience unique, qui donne à celui qui l'a faite une connaissance spécifique de ses contraintes psychologiques historiques (la névrose, les retours de l'inconscient), en même temps que les moyens de s'en dégager.

Pour autant, la validité écologique et clinique de ce travail intersubjectif ne confère pas une puissance thérapeutique universelle sur l'ensemble des troubles mentaux. Il y a des pathologies mentales qui engagent le pronostic de l'ensemble du fonctionnement cognitif, émotionnel et même cérébral à terme : la schizophrénie ou l'autisme. Celles-ci requièrent des traitements lourds, multiples et diversifiés, dont seule la combinaison peut enrayer l'évolution déficitaire. L'ébéniste n'est pas le plus qualifié pour changer une charpente qui menace de s'effondrer. En forçant à peine le trait, on pourrait dire que la psychanalyse est d'autant plus efficace qu'elle s'adresse à des sujets mentalement plutôt bien portants.

## *Les psychotropes pour le cheval*

Nous avons déjà pu voir que les cibles primaires des médicaments psychotropes se trouvaient dans le sous-cortex (le cheval). C'est là en effet que sont situés les corps cellulaires des grands systèmes neuro-modulateurs : le système de récompense pour la dopamine, le locus cœruleus pour la noradrénaline, et le raphé pour la sérotonine.

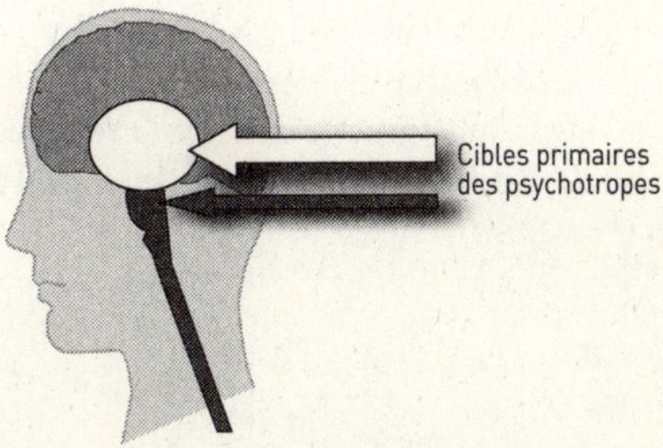


Figure 12.1

Bien entendu, ces différentes structures projettent ensuite dans les aires corticales, mais les effets primaires de ces médicaments sont dans l'animal en nous ! C'est une façon d'expliquer que la plupart de ces médicaments ont d'abord des effets somatiques, on pourrait aussi dire « émotionnels », pendant une ou deux semaines avant d'avoir des effets psychologiques. Ainsi, lorsqu'on donne un produit sérotoninergique à un anxieux ou un déprimé, les premiers effets concernent l'amélioration du sommeil, la diminution de l'angoisse somatique (tachycardie, palpitations, crampes digestives, etc.) et l'appétit. Chez l'anxieux, l'anticipation anxieuse et les phobies persistent plusieurs semaines, voire plus. Chez le déprimé, les idées dépressives et le ralentissement ne commencent à céder qu'au bout de dix à quinze jours, la fatigue et les difficultés de concentration ne s'améliorent qu'au bout de trois ou quatre semaines.

Nous avons vu l'importance des systèmes motivationnels non seulement sur l'activité de pensée mais aussi sur l'énergie psychique. C'est pour cela qu'il ne sert à rien de raisonner un déprimé en lui disant : « Remue-toi, sors... » Car son problème est précisément de ne plus avoir aucune énergie pour bouger, sortir, etc. La dépression n'est pas une maladie de la volonté, c'est une faillite énergétique qui concerne d'abord les structures les plus élémentaires de la machinerie cérébrale. Par leurs effets sous-corticaux, les psychotropes agissent ainsi d'abord par le bas (*bottom-up*).

## LES PSYCHOTHÉRAPIES ONT DES EFFETS VARIÉS

Réciproquement, on pourrait être tenté de cantonner l'effet des psychothérapies au seul cavalier. Cette schématisation a l'intérêt de la simplicité, mais elle est désormais trop sommaire, depuis que certains travaux d'imagerie ont montré que les TCC avaient des effets sous-corticaux. Dans un article récent, David E. J. Linden a fait le bilan des différentes études en neuro-imagerie portant sur l'effet des psychothérapies. Il trouve des résultats très significatifs dans les troubles anxieux. Dans les TOC (trouble obsessionnel-compulsif), les TCC ont un effet de désactivation du noyau caudé droit. Dans les phobies, une importante désactivation est retrouvée dans plusieurs structures limbiques et paralimbiques. Surtout, ces effets sont les mêmes que ceux retrouvés avec des médicaments sérotoninergiques. Cela suggère que certains mécanismes d'action des TCC pourraient être communs avec ceux des psychotropes... sur le cheval !

De plus, le fait que des effets neuro-cognitifs et émotionnels identiques puissent être obtenus à la fois avec des psychotropes et certaines psychothérapies donne à ces dernières une intelligibilité biologique. On se rapproche d'une compréhension matérielle des effets de la parole.

## *Naturaliser les psychothérapies*

C'est au sein du mouvement des neurosciences cognitives que s'est développée l'idée de naturalisation de l'esprit, cadre théorique dans lequel s'inscrit ce livre. Offrant une nouvelle alternative aux conceptions classiques, les biologistes et les philosophes se sont accordés pour former cette union libre du corps et de la pensée. Comme le remarque Marc Jeannerod : « La naturalisation des états mentaux ne peut se concevoir que si leur existence et leur forme sont limitées par les contraintes du système (en l'occurrence du système biologique) qui les abrite. »

Le même mouvement de naturalisation peut être envisagé à propos des psychothérapies. Cela comporte deux options théoriques radicales : abandonner tout dualisme et appréhender l'ensemble des psychothérapies en termes d'apprentissages.

## L'ABANDON DU DUALISME

La métaphysique a longtemps rejeté l'esprit et ses mystères dans un espace différent de celui du cerveau, ce dernier supposé seul obéir aux lois des sciences physiques et mathématiques. Cette hégémonie dualiste allait s'épuiser au milieu du XXe siècle. Le cycle des conférences Massy dans le New York de l'immédiat après-guerre fut l'un des éléments fondateurs de ce qui allait devenir la révolution des sciences cognitives. L'une des principales conséquences de ce courant fut de faire entrer les phénomènes de la pensée dans le monde des sciences physiques. Les sciences cognitives imposèrent le postulat que les phénomènes qui président à la pensée sont d'une nature accessible à l'observation. Jean-Pierre Dupuy explique d'une formule très éclairante cette nouvelle logique : « La colonie de fourmis n'est pas plus un superorganisme en surplomb par rapport aux fourmis individuelles que l'esprit n'est une totalité transcendante par rapport au réseau de neurones. »

En d'autres termes, ma pensée, ma conscience ne sont jamais qu'une supercolonie de neurones. Le postulat de base pose ainsi qu'il n'y a pas de différence de nature entre les systèmes élémentaires de neurones et les macro-ensembles neuronaux qui permettent le fonctionnement psychique jusqu'à la représentation du moi.

## TOUTES LES PSYCHOTHÉRAPIES AGISSENT PAR LE BIAIS D'APPRENTISSAGES

Ces considérations s'articulent au second axiome concernant la naturalisation des psychothérapies. Si les phénomènes qui régissent la pensée sont accessibles à l'observation, alors il doit en être de même des mécanismes par lesquels agissent les psychothérapies. Nous avons pu voir, au chapitre 10, les importants progrès des connaissances sur la plasticité de la mémoire. En particulier, l'évocation et la remémoration sont des moments propices pour reconfigurer les souvenirs. L'étape de reconsolidation permet de modifier les règles mises en mémoire et donc les croyances apprises. Cela concerne aussi bien des représentations assez simples (la peur d'un animal) que des souvenirs beaucoup plus complexes configurés progressivement (la sévérité d'un parent). La modification du poids de ces souvenirs, de leur caractère contraignant, revient à un « désapprentissage ». On peut donc postuler que le plus petit dénominateur commun des psychothérapies, c'est l'installation d'un processus d'apprentissage. La différence entre les principales méthodes concerne le niveau de ces processus.

Très schématiquement, pour aider à la compréhension, on peut distinguer deux niveaux d'interventions dans les psychothérapies.

Les TCC agissent sur des automatismes « de bas niveau » chez le cheval, nous avons commencé de le voir. La psychanalyse agirait en amont sur les réseaux autobiographiques complexes, « par le haut ». Le maillon ultime, commun aux deux méthodes, pourrait être les structures préfrontales.

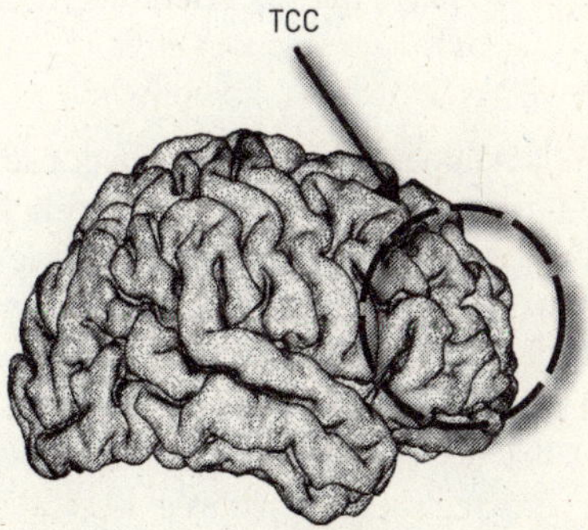


Figure 12.2

Nous avons vu au chapitre 3 que le cortex préfrontal jouait le rôle d'intermédiaire, de médiateur entre le cheval et le cavalier. En particulier, les cortex préfrontal médian, orbito-frontal, et cingulaire antérieur ont des effets sur la régulation des émotions et des comportements. Ils agissent ainsi sur la planification, le pilotage, mais aussi sur l'inhibition des réactions comportementales. Ces structures jouent aussi un rôle dans l'extinction de la réaction de peur, une des cibles principales des traitements de l'anxiété.

Très schématiquement encore une fois, les thérapies agiraient directement ou indirectement sur l'activation excessive des réactions émotionnelles, en particulier de peur, par le biais de nouveaux apprentissages. Reprenons l'anecdote de l'autobus. Si j'ai développé une phobie post-traumatique des bus, la TCC visera à m'aider à éteindre, à « désapprendre » le lien entre la vision d'un bus et l'activation amygdalienne de la peur. On redirige la réaction attentionnelle de survie déclenchée par la vision ou l'évocation de l'autobus[1].

La psychanalyse pourrait aboutir à un résultat proche, mais en développant des réseaux d'inhibition « par le haut ».

## INSTRUMENTALISER SON HISTOIRE : LA PSYCHANALYSE

Les psychanalystes aiment à penser que le passé est le vrai mal du présent. Le modèle du psychotraumatisme sous-tend une grande partie de la théorie freudienne concernant la psychogenèse des troubles mentaux. Nous serions malades de ce que nous avons pu traverser. Mais on peut aussi s'intéresser au point de vue inverse, qui n'est pas incompatible mais complémentaire : le passé n'aurait pas

1. Pierre Philippot, l'un des fondateurs des thérapies en pleine conscience, a insisté sur le rôle de redirection attentionnelle des TCC.

seulement laissé des traces exerçant autant de contraintes. Il pourrait représenter aussi un outil pour réagir aux événements, pour refaire l'histoire, pour créer de nouveaux scénarios, développer des intentions.

Revenons une dernière fois à l'histoire de l'autobus. Si lorsque j'avais 10 ans mon grand frère avait eu un accident de vélo sérieux, ayant été renversé par un car, l'incident que je viens de vivre prendrait une autre tournure. Je vais établir un lien avec cette trace autobiographique, construire une relation, un réseau entre les deux événements. Je pourrais faire une nouvelle histoire, rapprochant ce qui vient de m'arriver d'une identification à mon frère, presque d'un désir de lui ressembler. Par ce travail d'émergence de sens, mon cerveau magicien développera un autre réseau mnésique, court-circuitant un événement par un autre.

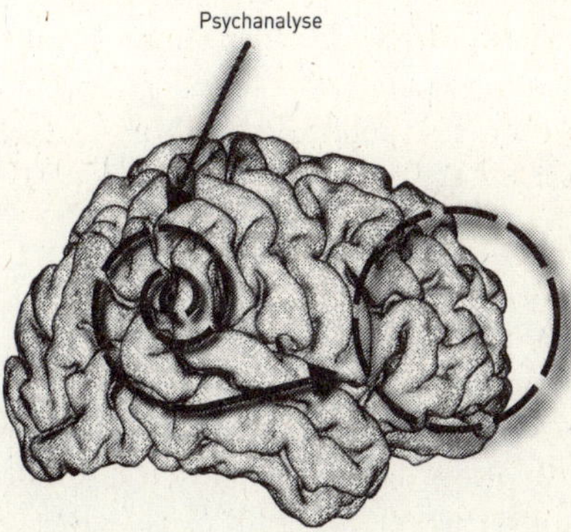


Figure 12.3

Dans ce cas, l'action psychothérapique ne sera ainsi pas réduite à un « essorage » du passé, elle permettra de reconfigurer l'événement en l'inscrivant dans une continuité historique. On peut faire l'hypothèse que cette appropriation autobiographique de l'événement aboutit à un effet sur le pilotage des émotions par le cortex préfrontal, rejoignant le mécanisme précédent vu pour les TCC. En agissant en amont, la réinscription historique lors de la cure psychanalytique augmenterait la capacité du cavalier à inhiber la réaction de peur.

Bien entendu la psychanalyse a d'autres effets, mais il est intéressant de remarquer que, sur le plan de la régulation émotionnelle, la psychanalyse s'emboîte avec les TCC...

CONCLUSION

# À VOTRE INTENTION...

Ce livre a été écrit à votre intention. Si la formule comporte une délicatesse, c'est parce qu'elle exprime une oblativité biologique : une façon de laisser son interlocuteur prendre le relais de l'auteur, s'approprier les rênes de l'action. À votre intention, au propre comme au figuré, signifie que c'est vous qui dorénavant développerez votre magie, pour initier vos propres rêveries.

Nous les humains, nous aimons en effet user des vertus féeriques de la pensée ; pour refaire l'histoire. D'un film, d'un livre, nous faisons quelque chose à nous, de nous, une production singulière. De spectateurs des choses de la vie, nous nous transformons en traducteurs, et même en scénaristes. Le monde que nous vivons devient le nôtre, un monde fait à notre main. La boulangère qui, me tendant le pain, me fait un sourire se métamorphose en princesse d'un conte que je ne suis même pas obligé d'écrire complètement pour m'en égayer. L'automobiliste impatient qui m'assourdit de ses coups de klaxon réitérés devient un sinistre individu qui s'est engueulé avec son patron. L'orage qui m'inonde brutalement annonce la nouvelle lune. *Nous passons notre temps à nous raconter des histoires*.

C'est cet habillage du réel par la pensée qui définit le « cerveau magicien », ce gestionnaire de génie qui sait si bien nous aider à rêver. Véritable curseur du réel à l'imaginaire, il décline un formidable répertoire où ils se combinent l'un avec l'autre. Si la réalité est généreuse, nous pouvons nous y abandonner totalement. Si, au contraire, l'environnement est aversif, notre imaginaire vient occuper notre pensée pour empêcher le ressassement de cette réalité négative. Tous les intermédiaires sont possibles entre ces deux extrêmes. Notre privilège humain est le plaisir psychique, subtil mélange de nos rêveries et des actes que nous accomplissons effectivement.

Ce besoin de refaire le monde obéit à une finalité adaptative héritée de l'évolution. Elle consiste en un mouvement de bascule entre l'héritage des apprentissages du passé, privilège du cheval, et la construction d'un avenir, mission du cavalier. Ce style d'adaptation au monde, ce mouvement, imprime à notre activité psychique une tendance à faire de la réalité physique du monde une création de l'esprit, à transformer l'événement en intention.

De là vient le plaisir psychique, produit de l'activité intentionnelle de l'esprit, elle-même héritée de l'ancestral système de récompense.

De ce point de vue biologique, *ce n'est pas tant le contenu du commentaire du réel qui importe, que l'acte de commenter*. « Le vrai voyageur n'a pas de plan établi et n'a pas l'intention d'arriver », disait Lao-tseu. Le plus important, c'est de laisser l'esprit bourlinguer.

C'est maintenant l'heure du départ, je vous souhaite un très bon voyage...

ANNEXE

# LE JEU AVEC LA MÉMOIRE DE L'AUTRE

## L'attention flottante

Nous vous proposons un test pour mieux saisir les opérations cognitives engagées dans le travail d'écoute en attention flottante, particulier au psychanalyste.

Nous prenons l'exemple du repérage par le psychanalyste de l'obturation inconsciente du patient lors du récit d'un rêve ou d'un souvenir. Elle va occuper les cinq pages suivantes. Ne commencez à les regarder que lorsque vous serez prêt. Sur chacune de ces cinq pages, il y a une figure formée d'éléments. La consigne est de regarder chaque page pendant environ une seconde puis de la tourner pour observer la figure suivante. Ne vous arrêtez pas en route. Faites le test en entier d'une seule fois.

Vous êtes prêt ? Allez-y.

Vous avez fait le test ? Si vous l'avez fait attentivement, vous avez dû éprouver quelque chose lors de la dernière figure. Il manquait un carré par rapport aux pages précédentes. Le repérage du carré manquant est analogue, en schématisant, à celui d'un élément refoulé par le patient.

Progressivement, au fur et à mesure des séances, le patient transmet les éléments de son histoire (représentés par les carrés dans le test) à son psychanalyste. Ce dernier devient peu à peu le détenteur de la biographie du patient. Il en intègre le contexte et pourra remarquer des opérations de refoulement à propos de ce contexte.

Prenons l'exemple d'un sujet qui est le cadet, intercalé entre deux sœurs, d'une fratrie de trois enfants. Souvent, il a évoqué des scènes familiales (la vie à la maison, les vacances) où les cinq membres de la famille, les deux parents et les trois enfants, étaient réunis. L'analyste a ainsi encodé en mémoire une carte « cellule familiale » (la figure avec les cinq carrés), qui lui est devenue familière.

Si, lors d'une nouvelle séance, le patient évoque le souvenir d'une scène familiale, vécue ou extraite d'un rêve, où il s'agit d'une scène équivalente mais où il n'est plus question que de ses parents avec lui et sa grande sœur, l'analyste sera enclin à repérer le refoulement inconscient de sa petite sœur.

C'est une façon de mieux comprendre de quoi est constituée concrètement la métacommunication entre le patient et l'analyste.

# BIBLIOGRAPHIE


ALBERINI C. M. (2005), « Mechanisms of memory stabilization : Are consolidation and reconsolidation similar or distinct processes ? », *TINS*, 28, 1, p. 51-56.

ANDRÉ C., LELORD A. (2007), *L'Estime de soi*, Odile Jacob.

BAIN A. (1868), *The Senses and the Intellect*, Longmans, Green & Co, 3e édition.

BARTELS A., ZEKI S. (2004), « The neural correlates of maternal and romantic love », *Neuro-Image*, 21, p. 1155-1166.

BARTHES R. (1977), *Fragments d'un discours amoureux*, Seuil.

BARUCH P., JOUVENT R., LYON-CAEN O. (1997), *La Neuropsychiatrie en devenir*, Pil.

BECK A. T., « La voie royale vers la cognition », *in* C. Meyer (dir) (2008), *Les Nouveaux Psys*, Les Arènes.

BERRIDGE K. C., ROBINSON T. E. (1995), « The mind of an addicted brain : Neural sensitization of "wanting" *versus* "liking" », *Current Directions in Psychological Science*, 4, p. 71-76.

BERTHOZ A. (1997), *Le Sens du mouvement*, Odile Jacob.

BRACONNIER A., MARCELLI D. (1979), « The adolescent and his parents : The parental crisis », *J. Adolesc.*, 2, p. 325-336.

CHAPOUTHIER G. (2006), *Biologie de la mémoire*, Odile Jacob.

COTTRAUX J. (1998), *Les Ennemis intérieurs*, Odile Jacob.

DENTON D. (1995), *L'Émergence de la conscience de l'animal à l'homme*, Flammarion.

DOSSE F. (1997), *Paul Ricœur, les sens d'une vie (1913-2005)*, La Découverte.

DUBAL S., JOUVENT R. (2004), « Time-on-task effect in trait anhedonia, *European Psychiatry*, 19 (5), p. 285-291.

FEDIDA P. (1992), *Crise et contre-transfert*, PUF.

FREEMAN R. D., BRADLEY A. (1980) « Monocularly deprived humans : Non deprived eye has supernormal vernier acuity », *J. Neurophysiol.*, 43, p. 1645-1653.

FREUD S. (1969), *Le Mot d'esprit et sa relation à l'inconscient*, Gallimard.

GALLESE V. (2000), « The inner sense of action. Agency and motor representations », *Journal of Consciousness Studies*, 7, 10, p. 23-40.

GALLESE V. (2003) « The roots of empathy : the shared manifold hypothesis and the neural basis of intersubjectivity », *Psychopathology*, 36, p. 171-180.

GRANT M. M., THASZ M. E., SWEENEY J. A. (2001), « Cognitive disturbance in outpatient depressed younger adults : Evidence of modest impairment », *Biol. Psychiatry*, 50, p. 35-43.

HAR A. (2006), *L'Espace de volonté en psychothérapie : entre l'acte et la simulation*, thèse de doctorat en psychopathologie clinique et psychanalyse, Université Paris-VII.

HILLLMAN C. H., ERICKSON K. I., KRAMER A. F. (2008), « Be smart, exercise your heart : exercise effects on brain and cognition », *Nature Neuroscience*, 9, p. 58-65.

IZUMA K., SAITO D. S., SADATO N. (2008), « Processing of social and monetary reward », *Neuron*, 58, p. 284-294.

JEAMMET P. (2008), *Pour nos ados, soyons adultes*, Odile Jacob.

JEANNEROD M. (1994), « The representing brain : neural correlates of motor intention and imagery », *Behav. Brain Sci.*, 17, p. 187-245

JEANNEROD M. (2002), *La Nature de l'esprit*, Odile Jacob.

JORLAND G., THIRIOUX Bérangère (2008), « Note sur l'origine de l'empathie et thérapeutique », *Revue de métaphysique et de morale*, n° 58, 2.

JOSEPH R. (1980), « Morphological effects of monocular deprivation and recovery on the dorsal lateral geniculate nucleus in prosimian primates », *Journal of Comparative Neurology*, 194, p. 413-426.

JOSEPH R. (1990), « The limbic system. Emotion, laterality, and unconscious mind », *in Neuropsychology, Neuropsychiatry, Behavioral Neurology*, Plenum Publishers.

JOUVENT R., VINDREAU C., MONTREUIL M., BUNGENER C., WIDLÖCHER D. (1988), « La clinique polydimensionnelle de l'humeur dépressive. Nouvelle version de l'échelle EHD », *Psychiatry & Psychobiol.*, 3, p. 245-253.

JOUVENT R. (2000), *Pragmatique de la clinique*, Pil.

LAMPE I. K., SITSKOORN M. M., HEEREN T. J. (2004), « Effect of recurrent major depressive disorder on behavior and cognitive function in fermale depressed patients », *Psychiatry Res.*, 15, p. 73-79.

LE BIHAN D., TURNER R., ZEFFIRO A., CUTNOD C. A., JEZZARDT P., BONNEROT V. (1993), « Activation of human primary visual cortex during visual recall : A magnetic resonance imaging study », *PNAS*, vol. 90, p. 11802-11805.

LEMOGNE C., PIOLINO P., FRISZER S., CLARET A., GIRAULT N., JOUVENT R., ALLILAIRE J.-F., FOSSATI P., « Episodic autobiographical memory in depression : Specificity, autonoetic consciousness, and self-perspective », *Consciousness and Cognition*, 2006, 15, p. 258-268.

LINDEN D. E. J. (2006), « How psychotherapy changes the brain. The contribution of functional neuroimaging », *Molecular Psychiatry*, 11, p. 528-538.

LOFTUS E. (1996), *Eyewitness Testimony*, Harvard University Press.

LOTZE M. (1999), « Activation of cortical and cerebellar motor areas during executed and imagined hand movements : An fMRI study », *Cogn. J. Neurosci.*, 11, p. 491-501.

MANJI H. K., QUIROZ J. A., SPORN J., PAYNE J. L., DENICOFF K. A. GRAY N., ZARATE C. A. Jr, CHARNEY D. S. (2003), « Enhancing neuronal. Plasticy resilience to develop novel, improved therapeutics for difficult to treat depression », *Biological Psychiatry*, 53, 8, p. 707-742.

MACLEAN P. D., GUYOT R. (1990), *Les Trois Cerveaux de l'homme*, Robert Laffont.

MERLEAU-PONTY M. (1945), *Phénoménologie de la perception*, Gallimard.

NACCACHE L. (2007), *Le Nouvel Inconscient*, Odile Jacob.

NADEL J., DECETY J. (éd.) (2002), *Imiter pour découvrir l'humain*, PUF.

NANDRINO J.-L., PEZARD L., POSTÉ A., RÉVEILLÈRE C., BEAUNE D. (2002), « Autobiographical memory in major depression : A comparison between first episode and recurrent patient », *Psychopathology*, 35, p. 335-340.

OLAUSSON H., LAMARRE Y., BACKLUND H., MORIN C., WALLIN B. G., STARCK S., EKHOLM S., STRIGO I., WORSLEY K., WALBIO A. B., BUCHNEL M. C. (2002), « Unmyelinated tactile afferents signal touch and project to insular cortex », *Nature Neuroscience*, 5, 9, p. 900-904.

OLDS J., MILNER P. (1954), « Positive reinforcement produced by electrical stimulation of the septal area and other regions of rat brain », *Journal of Comparative and Physiological Psychology*, 47, p. 419-427.

PELISSOLO A. (2008), « Anxiété sociale chez les personnes de très grande taille », *Journal de thérapie comportementale et cognitive*, vol. 18, n° 2.

PROUST J. (2002), « Imitation et agentivité : analyse de philosophie de l'esprit », *in* Nadel J., Decety J. (éd.), *Imiter pour découvrir l'humain*, PUF, p. 189-216.

PROUST J. (2008), *La Nature de la volonté*, Folio.

RAMACHANDRAN V. (2005), *Le Cerveau, cet artiste*, Eyrolles.

RAO S. M. et coll. (1993), « Functional magnetic resonance imaging of complex human movements », *Neurology*, 43, p. 2311-2318.

RICŒUR P. (1986), *Du texte à l'action. Essais d'herméneutique II*, Seuil.

RICŒUR P. (1983), *Temps et récit*, tome 1 : *L'Intrigue et son récit historique*, Seuil.

RIVA G. (2008), « From virtual to real body : Virtual reality as embodied technology », *Cybertherapy and Rehabilitation*, 1 (1), p. 7-22.

RIZOLATTI G., FOGASSI L., GALLESE V. (2001), « Neurophysiological mechanisms underlying the understanding and imitation of action », *Nature Reviews Neuroscience*, 2, p. 661-670.

RUMELHART D. E., MACCLELLAND J. L. et le PDP Research Group (1986), *Parallel Distributed Processing : Explorations in the Microstructure of Cognition*, volume 1 : *Foundations*, MIT Press.

ROGERS M. A., BRADSHAW J. L., PANTELIS C., PHILLIPS J. G. (1998), « Frontostriatal deficits in unipolar major depression », *Brain Res. Bull.*, 47, 4, p. 297-310.

ROTH, M., DECETY, J. et coll. (1996), « Possible involvement of primary motor cortex in mentally simulated movement : A functional magnetic resonance imaging study », *NeuroReport*, 7, p. 1280-1284.

SEALE J. R. (1985), *Du cerveau au savoir*, Hermann.

SELIGMAN M. E. P. (1975), *Helplessness. On Development, Depression, and Death*, W. H. Freeman & Co.

SHELINE et coll. (1999), « Depression duration but not age predicts hippocampal volume loss in women with recurrent major depression », *J. Neuroscience*, 19, p. 5034-5043.

SPITZ R. (1971), *De la naissance à la parole*, PUF.

SUSKIND J. M., LEE D. H., CUSI A., FEIMAN R., GRABSKI W., ANDERSON A. K. (2008), « Expressing fear enhances sensory acquisition », *Nature Neuroscience*, 11, 7, p. 843-850.

TUGADE M. M., FREDRICKON B. L., BARRET L. F. (2004), « Psychological resilience and emotional granularity : Examining the benefits of positive emotions on coping and health », *Journal of Personality*, 72, p. 1161-1190.

VALÉRY P. (1946), « Étude pour mon Faust », *in Œuvres*, Gallimard, « La Pléiade », tome 2.

VINCENT J.-D. (1986), *Biologie des passions*, Odile Jacob.

WALLON H. (1949), *Les Origines de la pensée chez l'enfant*, PUF.

WICKER B., KEYSER C., PLAILY J., ROYET J.-P., GALLESE V., RIZOLLATI G. (2003), « Both of us disgusted in my insula : The common neural basis of seeing and feeling disgust », *Neuron*, 40, 3, p. 655-664.

WIDLÖCHER P. (1986), *Métapsychologie du sens*, Odile Jacob.

ZALC B., COLMAN D. R. (2000), « Origin of vertebrate success », *Science*, 288, p. 271-272.

# REMERCIEMENTS

Mes remerciements vont d'abord à Odile Jacob qui, sur la proposition d'Alain Braconnier, a décidé de publier ce livre. J'ai été très touché par sa confiance, en même temps qu'impressionné par la rapidité de ses jugements souvent très pertinents.

Je suis très reconnaissant à Claire Bretécher de m'avoir fait le plaisir et l'honneur de réaliser le dessin de couverture.

C'est un grand bonheur que de pouvoir associer ses enfants à ses moments de création. Les quatre miens ont bien voulu contribuer à cet ouvrage, chacun à sa manière. Emmanuelle, de son Texas conjugal, a renouvelé sans cesse ses encouragements. Éric a apporté la relecture sévère autant que tendre, d'un professionnel neurologue. Romain m'a soufflé la citation de Paul Valéry. Enfin Thibault a fait lui-même le dessin de la petite fille au dinosaure.

Ce livre n'aurait pu aboutir sans la patiente ténacité de mon guide éditorial Gérard Jorland. Il n'a pas ménagé sa peine. Auprès de lui j'ai pu apprendre nombre de choses. Ce livre lui doit beaucoup.

Enfin un grand merci à mes amis et collègues chercheurs, enseignants-chercheurs et cliniciens, qui ont bien voulu relire tout ou partie du manuscrit et apporter leurs suggestions : Philippe Baruch Manuel Bouvard, Georges Chapouthier, Stéphanie Dubal, Philippe Fossati, Élise Lallart, Jacqueline Nadel, Antoine Pélissolo, Fernando Perez-Diaz, Bernard Zalc.

# TABLE DES MATIÈRES

CHAPITRE 3

## LE CHEVAL ET LE CAVALIER



CHAPITRE 4

## PENSER, C'EST FAIRE



CHAPITRE 5

## SIMULER SON PLAISIR : L'ENVIE



CHAPITRE 6

## L'ENVIE D'AVOIR ENVIE



CHAPITRE 7

## LE CORPS À CORPS

CHAPITRE 8

## DE MOI À MOI



CHAPITRE 9

## L'ŒIL



CHAPITRE 10

## ON REFAIT L'HISTOIRE



CHAPITRE 11

## LA MAGIE DU RÊVE

CHAPITRE 12

## LES PSYCHOTROPES POUR LE CHEVAL, LES PSYCHOTHÉRAPIES POUR LE CAVALIER ?

DANS LA COLLECTION « POCHES ODILE JACOB »

N° 1 : Aldo Naouri, *Les Filles et leurs mères*
N° 2 : Boris Cyrulnik, *Les Nourritures affectives*
N° 3 : Jean-Didier Vincent, *La Chair et le Diable*
N° 4 : Jean François Deniau, *Le Bureau des secrets perdus*
N° 5 : Stephen Hawking, *Trous noirs et Bébés univers*
N° 6 : Claude Hagège, *Le Souffle de la langue*
N° 7 : Claude Olievenstein, *Naissance de la vieillesse*
N° 8 : Édouard Zarifian, *Les Jardiniers de la folie*
N° 9 : Caroline Eliacheff, *À corps et à cris*
N° 10 : François Lelord, Christophe André, *Comment gérer les personnalités difficiles*
N° 11 : Jean-Pierre Changeux, Alain Connes, *Matière à pensée*
N° 12 : Yves Coppens, *Le Genou de Lucy*
N° 13 : Jacques Ruffié, *Le Sexe et la Mort*
N° 14 : François Roustang, *Comment faire rire un paranoïaque ?*
N° 15 : Jean-Claude Duplessy, Pierre Morel, *Gros Temps sur la planète*
N° 16 : François Jacob, *La Souris, la Mouche et l'Homme*
N° 17 : Marie-Frédérique Bacqué, *Le Deuil à vivre*
N° 18 : Gerald M. Edelman, *Biologie de la conscience*
N° 19 : Samuel P. Huntington, *Le Choc des civilisations*
N° 20 : Dan Kiley, *Le Syndrome de Peter Pan*
N° 21 : Willy Pasini, *À quoi sert le couple ?*
N° 22 : Françoise Héritier, Boris Cyrulnik, Aldo Naouri, *De l'inceste*
N° 23 : Tobie Nathan, *Psychanalyse païenne*
N° 24 : Raymond Aubrac, *Où la mémoire s'attarde*
N° 25 : Georges Charpak, Richard L. Garwin, *Feux follets et Champignons nucléaires*
N° 26 : Henry de Lumley, *L'Homme premier*
N° 27 : Alain Ehrenberg, *La Fatigue d'être soi*
N° 28 : Jean-Pierre Changeux, Paul Ricœur, *Ce qui nous fait penser*
N° 29 : André Brahic, *Enfants du Soleil*
N° 30 : David Ruelle, *Hasard et Chaos*
N° 31 : Claude Olievenstein, *Le Non-dit des émotions*
N° 32 : Édouard Zarifian, *Des paradis plein la tête*
N° 33 : Michel Jouvet, *Le Sommeil et le Rêve*
N° 34 : Jean-Baptiste de Foucauld, Denis Piveteau, *Une société en quête de sens*
N° 35 : Jean-Marie Bourre, *La Diététique du cerveau*

N° 36 : François Lelord, *Les Contes d'un psychiatre ordinaire*
N° 37 : Alain Braconnier, *Le Sexe des émotions*
N° 38 : Temple Grandin, *Ma vie d'autiste*
N° 39 : Philippe Taquet, *L'Empreinte des dinosaures*
N° 40 : Antonio R. Damasio, *L'Erreur de Descartes*
N° 41 : Édouard Zarifian, *La Force de guérir*
N° 42 : Yves Coppens, *Pré-ambules*
N° 43 : Claude Fischler, *L'Homnivore*
N° 44 : Brigitte Thévenot, Aldo Naouri, *Questions d'enfants*
N° 45 : Geneviève Delaisi de Parseval, Suzanne Lallemand, *L'Art d'accommoder les bébés*
N° 46 : François Mitterrand, Elie Wiesel, *Mémoire à deux voix*
N° 47 : François Mitterrand, *Mémoires interrompus*
N° 48 : François Mitterrand, *De l'Allemagne, de la France*
N° 49 : Caroline Eliacheff, *Vies privées*
N° 50 : Tobie Nathan, *L'Influence qui guérit*
N° 51 : Éric Albert, Alain Braconnier, *Tout est dans la tête*
N° 52 : Judith Rapoport, *Le garçon qui n'arrêtait pas de se laver*
N° 53 : Michel Cassé, *Du vide et de la création*
N° 54 : Ilya Prigogine, *La Fin des certitudes*
N° 55 : Ginette Raimbault, Caroline Eliacheff, *Les Indomptables*
N° 56 : Marc Abélès, *Un ethnologue à l'Assemblée*
N° 57 : Alicia Lieberman, *La Vie émotionnelle du tout-petit*
N° 58 : Robert Dantzer, *L'Illusion psychosomatique*
N° 59 : Marie-Jo Bonnet, *Les Relations amoureuses entre les femmes*
N° 60 : Irène Théry, *Le Démariage*
N° 61 : Claude Lévi-Strauss, Didier Éribon, *De près et de loin*
N° 62 : François Roustang, *La Fin de la plainte*
N° 63 : Luc Ferry, Jean-Didier Vincent, *Qu'est-ce que l'homme ?*
N° 64 : Aldo Naouri, *Parier sur l'enfant*
N° 65 : Robert Rochefort, *La Société des consommateurs*
N° 66 : John Cleese, Robin Skynner, *Comment être un névrosé heureux*
N° 67 : Boris Cyrulnik, *L'Ensorcellement du monde*
N° 68 : Darian Leader, *À quoi penses-tu ?*
N° 69 : Georges Duby, *L'Histoire continue*
N° 70 : David Lepoutre, *Cœur de banlieue*
N° 71 : Université de tous les savoirs 1, *La Géographie et la Démographie*
N° 72 : Université de tous les savoirs 2, *L'Histoire, la Sociologie et l'Anthropologie*

N° 73 : Université de tous les savoirs 3, *L'Économie, le Travail, l'Entreprise*
N° 74 : Christophe André, François Lelord, *L'Estime de soi*
N° 75 : Université de tous les savoirs 4, *La Vie*
N° 76 : Université de tous les savoirs 5, *Le Cerveau, le Langage, le Sens*
N° 77 : Université de tous les savoirs 6, *La Nature et les Risques*
N° 78 : Boris Cyrulnik, *Un merveilleux malheur*
N° 79 : Université de tous les savoirs 7, *Les Technologies*
N° 80 : Université de tous les savoirs 8, *L'Individu dans la société d'aujourd'hui*
N° 81 : Université de tous les savoirs 9, *Le Pouvoir, L'État, la Politique*
N° 82 : Jean-Didier Vincent, *Biologie des passions*
N° 83 : Université de tous les savoirs 10, *Les Maladies et la Médecine*
N° 84 : Université de tous les savoirs 11, *La Philosophie et l'Éthique*
N° 85 : Université de tous les savoirs 12, *La Société et les Relations sociales*
N° 86 : Roger-Pol Droit, *La Compagnie des philosophes*
N° 87 : Université de tous les savoirs 13, *Les Mathématiques*
N° 88 : Université de tous les savoirs 14, *L'Univers*
N° 89 : Université de tous les savoirs 15, *Le Globe*
N° 90 : Jean-Pierre Changeux, *Raison et Plaisir*
N° 91 : Antonio R. Damasio, *Le Sentiment même de soi*
N° 92 : Université de tous les savoirs 16, *La Physique et les Éléments*
N° 93 : Université de tous les savoirs 17, *Les États de la matière*
N° 94 : Université de tous les savoirs 18, *La Chimie*
N° 95 : Claude Olievenstein, *L'Homme parano*
N° 96 : Université de tous les savoirs 19, *Géopolitique et Mondialisation*
N° 97 : Université de tous les savoirs 20, *L'Art et la Culture*
N° 98 : Claude Hagège, *Halte à la mort des langues*
N° 99 : Jean-Denis Bredin, Thierry Lévy, *Convaincre*
N° 100 : Willy Pasini, *La Force du désir*
N° 101 : Jacques Fricker, *Maigrir en grande forme*
N° 102 : Nicolas Offenstadt, *Les Fusillés de la Grande Guerre*
N° 103 : Catherine Reverzy, *Femmes d'aventure*
N° 104 : Willy Pasini, *Les Casse-pieds*
N° 105 : Roger-Pol Droit, *101 Expériences de philosophie quotidienne*

N° 106 : Jean-Marie Bourre, *La Diététique de la performance*
N° 107 : Jean Cottraux, *La Répétition des scénarios de vie*
N° 108 : Christophe André, Patrice Légeron, *La Peur des autres*
N° 109 : Amartya Sen, *Un nouveau modèle économique*
N° 110 : John D. Barrow, *Pourquoi le monde est-il mathématique ?*
N° 111 : Richard Dawkins, *Le Gène égoïste*
N° 112 : Pierre Fédida, *Des bienfaits de la dépression*
N° 113 : Patrick Légeron, *Le Stress au travail*
N° 114 : François Lelord, Christophe André, *La Force des émotions*
N° 115 : Marc Ferro, *Histoire de France*
N° 116 : Stanislas Dehaene, *La Bosse des maths*
N° 117 : Willy Pasini, Donato Francescato, *Le Courage de changer*
N° 118 : François Heisbourg, *Hyperterrorisme : la nouvelle guerre*
N° 119 : Marc Ferro, *Le Choc de l'Islam*
N° 120 : Régis Debray, *Dieu, un itinéraire*
N° 121 : Georges Charpak, Henri Broch, *Devenez sorciers, devenez savants*
N° 122 : René Frydman, *Dieu, la Médecine et l'Embryon*
N° 123 : Philippe Brenot, *Inventer le couple*
N° 124 : Jean Le Camus, *Le Vrai Rôle du père*
N° 125 : Elisabeth Badinter, *XY*
N° 126 : Elisabeth Badinter, *L'Un est l'Autre*
N° 127 : Laurent Cohen-Tanugi, *L'Europe et l'Amérique au seuil du XXIe siècle*
N° 128 : Aldo Naouri, *Réponses de pédiatre*
N° 129 : Jean-Pierre Changeux, *L'Homme de vérité*
N° 130 : Nicole Jeammet, *Les Violences morales*
N° 131 : Robert Neuburger, *Nouveaux Couples*
N° 132 : Boris Cyrulnik, *Les Vilains Petits Canards*
N° 133 : Christophe André, *Vivre heureux*
N° 134 : François Lelord, *Le Voyage d'Hector*
N° 135 : Alain Braconnier, *Petit ou grand anxieux ?*
N° 136 : Juan Luis Arsuaga, *Le Collier de Néandertal*
N° 137 : Daniel Sibony, *Don de soi ou partage de soi*
N° 138 : Claude Hagège, *L'Enfant aux deux langues*
N° 139 : Roger-Pol Droit, *Dernières Nouvelles des choses*
N° 140 : Willy Pasini, *Être sûr de soi*
N° 141 : Massimo Piattelli Palmarini, *Le Goût des études ou comment l'acquérir*

N° 142 : Michel Godet, *Le Choc de 2006*
N° 143 : Gérard Chaliand, Sophie Mousset, *2 000 ans de chrétientés*
N° 145 : Christian De Duve, *À l'écoute du vivant*
N° 146 : Aldo Naouri, *Le Couple et l'Enfant*
N° 147 : Robert Rochefort, *Vive le papy-boom*
N° 148 : Dominique Desanti, Jean-Toussaint Desanti, *La liberté nous aime encore*
N° 149 : François Roustang, *Il suffit d'un geste*
N° 150 : Howard Buten, *Il y a quelqu'un là-dedans*
N° 151 : Catherine Clément, Tobie Nathan, *Le Divan et le Grigri*
N° 152 : Antonio R. Damasio, *Spinoza avait raison*
N° 153 : Bénédicte de Boysson-Bardies, *Comment la parole vient aux enfants*
N° 154 : Michel Schneider, *Big Mother*
N° 155 : Willy Pasini, *Le Temps d'aimer*
N° 156 : Jean-François Amadieu, *Le Poids des apparences*
N° 157 : Jean Cottraux, *Les Ennemis intérieurs*
N° 158 : Bill Clinton, *Ma Vie*
N° 159 : Marc Jeannerod, *Le Cerveau intime*
N° 160 : David Khayat, *Les Chemins de l'espoir*
N° 161 : Jean Daniel, *La Prison juive*
N° 162 : Marie-Christine Hardy-Baylé, Patrick Hardy, *Maniaco-dépressif*
N° 163 : Boris Cyrulnik, *Le Murmure des fantômes*
N° 164 : Georges Charpak, Roland Omnès, *Soyez savants, devenez prophètes*
N° 165 : Aldo Naouri, *Les Pères et les Mères*
N° 166 : Christophe André, *Psychologie de la peur*
N° 167 : Alain Peyrefitte, *La Société de confiance*
N° 168 : François Ladame, *Les Éternels Adolescents*
N° 169 : Didier Pleux, *De l'enfant roi à l'enfant tyran*
N° 170 : Robert Axelrod, *Comment réussir dans un monde d'égoïstes*
N° 171 : François Millet-Bartoli, *La Crise du milieu de la vie*
N° 172 : Hubert Montagner, *L'Attachement*
N° 173 : Jean-Marie Bourre, *La Nouvelle Diététique du cerveau*
N° 174 : Willy Pasini, *La Jalousie*
N° 175 : Frédéric Fanget, *Oser*
N° 176 : Lucy Vincent, *Comment devient-on amoureux ?*
N° 177 : Jacques Melher, Emmanuel Dupoux, *Naître humain*

N° 178 : Gérard Apfeldorfer, *Les Relations durables*
N° 179 : Bernard Lechevalier, *Le Cerveau de Mozart*
N° 180 : Stella Baruk, *Quelles mathématiques pour l'école ?*
N° 181 : Patrick Lemoine, *Le Mystère du placebo*
N° 182 : Boris Cyrulnik, *Parler d'amour au bord du gouffre*
N° 183 : Alain Braconnier, *Mère et Fils*
N° 184 : Jean-Claude Carrière, *Einstein, s'il vous plaît*
N° 185 : Aldo Naouri, Sylvie Angel, Philippe Gutton, *Les Mères juives*
N° 186 : Jean-Marie Bourre, *La Vérité sur les oméga-3*
N° 187 : Édouard Zarifian, *Le Goût de vivre*
N° 188 : Lucy Vincent, *Petits arrangements avec l'amour*
N° 189 : Jean-Claude Carrière, *Fragilité*
N° 190 : Luc Ferry, *Vaincre les peurs*
N° 191 : Henri Broch, *Gourous, sorciers et savants*
N° 192 : Aldo Naouri, *Adultères*
N° 193 : Violaine Guéritault, *La Fatigue émotionnelle et physique des mères*
N° 194 : Sylvie Angel et Stéphane Clerget, *La Deuxième Chance en amour*
N° 195 : Barbara Donville, *Vaincre l'autisme*
N° 196 : François Roustang, *Savoir attendre*
N° 197 : Alain Braconnier, *Les Filles et les Pères*
N° 198 : Lucy Vincent, *Où est passé l'amour ?*
N° 199 : Claude Hagège, *Combat pour le français*
N° 200 : Boris Cyrulnik, *De chair et d'âme*
N° 201 : Jeanne Siaud-Facchin, *Aider son enfant en difficulté scolaire*
N° 202 : Laurent Cohen, *L'Homme-thermomètre*
N° 203 : François Lelord, *Hector et les secrets de l'amour*
N° 204 : Willy Pasini, *Des hommes à aimer*
N° 205 : Jean-François Gayraud, *Le Monde des mafias*
N° 206 : Claude Béata, *La Psychologie du chien*
N° 207 : Denis Bertholet, *Claude Lévi-Strauss*
N° 208 : Alain Bentolila, *Le Verbe contre la barbarie*
N° 209 : François Lelord, *Le Nouveau Voyage d'Hector*
N° 210 : Pascal Picq, *Lucy et l'obscurantisme*
N° 211 : Marc Ferro, *Le Ressentiment dans l'histoire*
N° 212 : Willy Pasini, *Le Couple amoureux*
N° 213 : Christophe André, François Lelord, *L'Estime de soi*
N° 214 : Lionel Naccache, *Le Nouvel Inconscient*

N° 215 : Christophe André, *Imparfaits, libres et heureux*
N° 216 : Michel Godet, *Le Courage du bon sens*
N° 217 : Daniel Stern, Nadia Bruschweiler, *Naissance d'une mère*
N° 218 : Gérard Apfeldorfer, *Mangez en paix !*
N° 219 : Libby Purves, *Comment ne pas être une mère parfaite*
N° 220 : Gisèle George, *La Confiance en soi de votre enfant*
N° 221 : Libby Purves, *Comment ne pas élever des enfants parfaits*
N° 222 : Claudine Biland, *Psychologie du menteur*
N° 223 : Dr Hervé Grosgogeat, *La Méthode acide-base*
N° 224 : François-Xavier Poudat, *La Dépendance amoureuse*
N° 225 : Barack Obama, *Le Changement*
N° 226 : Aldo Naouri, *Éduquer ses enfants*
N° 227 : Dominique Servant, *Soigner le stress et l'anxiété par soi-même*
N° 228 : Anthony Rowley, *Une histoire mondiale de la table*
N° 229 : Jean-Didier Vincent, *Voyage extraordinaire au centre du cerveau*
N° 230 : Frédéric Fanget, *Affirmez-vous !*
N° 231 : Gisèle George, *Mon enfant s'oppose*
N° 232 : Sylvie Royant-Parola, *Comment retrouver le sommeil par soi-même*
N° 233 : Christian Zaczyck, *Comment avoir de bonnes relations avec les autres*
N° 234 : Jeanne Siaud-Facchin, *L'Enfant surdoué*
N° 235 : Bruno Koeltz, *Comment ne pas tout remettre au lendemain*
N° 236 : Henri Lôo et David Gourion, *Guérir de la dépression*
N° 237 : Henri Lumley, *La Grande Histoire des premiers hommes européens*
N° 238 : Boris Cyrulnik, *Autobiographie d'un épouvantail*
N° 239 : Monique Bydbowski, *Je rêve un enfant*
N° 240 : Willy Pasini, *Les Nouveaux Comportements sexuels*
N° 241 : Dr Jean-Philippe Zermati, *Maigrir sans regrossir. Est-ce possible ?*
N° 242 : Patrick Pageat, *L'Homme et le Chien*
N° 243 : Philippe Brenot, *Le Sexe et l'Amour*
N° 244 : Georges Charpak, *Mémoires d'un déraciné*
N° 245 : Yves Coppens, *L'Histoire de l'Homme*
N° 246 : Boris Cyrulnik, *Je me souviens*
N° 247 : Stéphanie Hahusseau, *Petit guide de l'amour heureux à l'usage des gens (un peu) compliqués*
N° 248 : Jean-Marie Bourre, *Bien manger : vrais et faux dangers*

N° 249 : Jean-Philippe Zermati, *Maigrir sans régime*
N° 250 : François-Xavier Poudat, *Bien vivre sa sexualité*
N° 251 : Stéphanie Hahusseau, *Comment ne pas se gâcher la vie*
N° 252 : Christine Mirabel-Sarron, *La Dépression*
N° 253 : Jean-Pierre Changeux, *Du vrai, du beau, du bien*
N° 254 : Philippe Jeammet, *Pour nos ados, soyons adultes*
N° 255 : Antoine Alaméda, *Les 7 Péchés familiaux*
N° 256 : Alain Renaut, *Découvrir la philosophie 1, le Sujet*
N° 257 : Alain Renaut, *Découvrir la philosophie 2, la Culture*
N° 258 : Alain Renaut, *Découvrir la philosophie 3, la Raison et le Réel*
N° 259 : Alain Renaut, *Découvrir la philosophie 4, la Politique*
N° 260 : Alain Renaut, *Découvrir la philosophie 5, la Morale*
N° 261 : Frédéric Fanget, *Toujours mieux !*
N° 262 : Robert Ladouceur, Lynda Bélanger, Éliane Léger, *Arrêtez de vous faire du souci pour tout et pour rien*
N° 263 : Marie Lion-Julin, *Mères : libérez vos filles*
N° 264 : Willy Pasini, *Les Amours infidèles*
N° 265 : Jean Cottraux, *La Force avec soi*
N° 266 : Olivier de Ladoucette, *Restez jeune, c'est dans la tête*
N° 267 : Jacques Lecomte, *Guérir de son enfance*
N° 268 : Béatrice Millêtre, *Prendre la vie du bon côté*
N° 269 : Francesco et Luca Cavalli-Sforza, *La Science du bonheur*
N° 270 : Marc-Louis Bourgeois, *Manie et dépression*
N° 271 : Thierry Lévy, *Éloge de la barbarie judiciare*
N° 272 : Gilles Godefroy, *L'Aventure des nombres*
N° 273 : Giacomo Rizzolatti, Corrado Sinigaglia, *Les Neurones miroirs*
N° 274 : Laurent Cohen, *Pourquoi les champanzés ne parlent pas*
N° 275 : Stéphanie Hahusseau, *Tristesse, peur, colère*
N° 276 : Élie Hantouche et Vincent Trybou, *Vivre heureux avec des hauts et des bas*
N° 277 : Jacques Fricker, *Être mince et en bonne santé*
N° 278 : Jacques Fricker, *101 conseils pour bien maigrir*
N° 279 : Hervé Grosgogeat, *Ma promesse anti-âge*
N° 280 : Ginette Raimbault, *Lorsque l'enfant disparaît*
N° 281 : François Ansermet, Pierre Magistretti, *À chacun son cerveau*
N° 282 : Yves Coppens, *Le Présent du passé*
N° 283 : Christian De Duve, *Singularités*
N° 284 : Edgar Gunzig, *Que faisiez-vous avant le Big Bang ?*

N° 285 : David Ruelle, *L'Étrange Beauté des mathématiques*
N° 286 : Thierry Lodé, *La Guerre des sexes chez les animaux*
N° 287 : Michel Desjoyeaux, *Coureur des océans*
N° 288 : Anthony Rowley, Fabrice d'Almeida, *Et si on refaisait l'histoire*
N° 289 : Pierre-Jean Rémy, *Karajan*
N° 290 : Jacques Delors, Michel Dollé, *Investir dans le social*
N° 291 : Jean-Didier Vincent, *Casanova, la contagion du plaisir*
N° 292 : Claude Crépault, *Les Fantasmes, l'Érotisme et la Sexualité*
N° 293 : Philippe Brenot, *Les Violences ordinaires des hommes envers les femmes*
N° 294 : Jean-Pierre Luminet, Élisa Brune, *Bonnes Nouvelles des étoiles*
N° 295 : Christophe André, *Les États d'âme*
N° 296 : Roland Coustanceau, *Amour et Violence. Le défi de l'intimité*
N° 297 : Philippe Brenot, *Le Génie et la Folie*
N° 298 : Alexandre Moatti, *Indispensables physiques et mathématiques pour tous*
N° 299 : Jean-Michel Severino et Olivier Ray, *Le Temps de l'Afrique*
N° 300 : François Roustang, *Le Secret de Socrate pour changer la vie*
N° 301 : Maurice Sachot, *L'Invention du Christ*
N° 302 : Vincent Courtillot, *Nouveau Voyage au centre de la Terre*
N° 303 : Peter Reichel, *La Fascination du nazisme*
N° 304 : Alain Braconnier, *Protéger son soi*
N° 305 : Daniel Stern, *Le journal d'un bébé*
N° 306 : Alain Ehrenberg, *La société du malaise*
N° 307 : Pascal Picq, *Le sexe, l'Homme et l'Évolution*
N° 308 : Roger Pol Droit, *Vivre aujourd'hui avec Socrate, Sénèque et tous les autres*
N° 309 : Dr Jacques Fricker, Pr Luc Cynober, *La Vérité sur les compléments alimentaires*
N° 310 : Michel Godet, *Bonnes nouvelles des Conspirateurs du futur*
N° 311 : Dr Jean-Marie Bourre, *Le Lait : vrais et faux dangers*
N° 312 : Didier Pleux, *Manuel d'éducation à l'usage des parents*
N° 313 : Lucy Vincent, *L'Amour de A à XY*
N° 314 : Yves Coppens, *Le Présent du passé au carré*
N° 315 : Pr David Khayat, *Le Vrai Régime anticancer*
N° 316 : Dr Jacques Fricker, *Maigrir vite et bien*
N° 317 : Élisa Brune, *Le Secret des femmes. Voyage a cœur du plaisir et de la jouissance*

N° 318 : Willy Pasini, *Les Armes de la séduction*
N° 319 : Boris Cyrulnik, *Mourir de dire. La honte*
N° 320 : Antonio Damasio, *L'Autre moi-même. Les nouvelles cartes du cerveau, de la conscience et des témoins*
N° 321 : Didier Pleux, *Un enfant heureux*
N° 322 : Françoise Héritier, *Masculin/Féminin I. La pensée de la différence*
N° 323 : Françoise Héritier, *Masculin/Féminin II. Dissoudre la hiérarchie*
N° 324 : Françoise Héritier, *Les Deux Sœurs et leur mère. Anthropologie de l'inceste*
N° 325 : François Lelord, *Petit Hector apprend la vie*
N° 326 : Laurent Cohen, *Pourquoi les filles sont si bonnes en maths et 40 autres histoires sur le cerveau de l'homme*
N° 327 : Jean-Didier Vincent et Pierre-Marie Lledo, *Le Cerveau sur mesure*
N° 328 : Jean-Philippe Lachaux, *Le Cerveau attentif. Contrôle, maîtrise et lâcher-prise*
N° 329 : Roland Jouvent, *Le Cerveau magicien. De la réalité au plaisir psychique*
N° 330 : Pierre Lemarquis, *Sérénade pour un cerveau musicien*
N° 331 : Alain Berthoz, *Le Sens du mouvement*
N° 332 : Alain Berthoz, *La Décision*

Ouvrage publié sous la responsabilité
éditoriale de Gérard Jorland

Cet ouvrage a été transcodé et mis en pages
chez Nord Compo (Villeneuve d'Ascq)

*Impression réalisée par*

BRODARD & TAUPIN

La Flèche (Sarthe), le 14-12-2012
N° d'impression : 71518
N° d'édition : 7381-2928-X
Dépôt légal : janvier 2013

*Imprimé en France*